# SCHLESWIG-HOLSTEIN

# Bildkommentare

Vorsatz vorne: *Wenn die modernste Skandinavienfähre in Travemünde ausläuft, beherrscht sie die Mündung der Trave völlig. Ein Wolkenkratzer scheint sich dann durch die alte Uferbebauung zu schieben.*

Frontispiz: *Der Geist der Hanse ist nirgends so gegenwärtig wie in Lübeck. Rathaus und Marienkirche künden bis heute vom Stolz und Reichtum der einst so mächtigen Lübecker Handelsherren.*

Nach Seite 216: *Das 87 Meter hohe Marineehrenmal in Laboe wurde einem Schiffssteven nachgebaut. Ein Ehrenplatz mit einer Weihehalle erinnert an gefallene Marineangehörige.*

Vorsatz hinten: *Der Bau des weithin sichtbaren Ratzeburger Domes wurde um 1160 begonnen und von Heinrich dem Löwen tatkräftig gefördert. Er geriet zum schönsten Frühwerk des monumentalen Backsteinbaus.*

# SCHLESWIG-HOLSTEIN

## LAND ZWISCHEN DEN MEEREN

*Dieter Maier*

Reich Verlag

*terra magica*

Gestaltung: E. + A. Kamal
Lektorat: Louis Schelbert
Übersetzung des englischsprachigen
Textteils: Edward A. Taylor

© 1989 by Reich Verlag AG
Luzern / Switzerland
Alle Rechte vorbehalten

Printed in Germany

ISBN 3-7243-0251-7


BILDNACHWEIS

Deutsche Luftbild: Seiten 18/19, 42/43, 58/59, 62/63, 82/83, 148/149
Kiedrowski: Seiten 66/67
Kürtz: Seiten 151, 186/187
Quedens: Seiten 17, 99, 102/103, 104, 106, 107, 126/127, 128 oben, 129 unten, 142, 147, 163, 172
Wernicke: Seiten 105, 122/123, 128 unten, 129 oben, 162, 169 unten
Maier: alle übrigen

# Schleswig und Holstein «ewich tosamende ungedelt»

Als die Räte von Schleswig und Holstein im Jahre 1460 den dänischen König Christian I. in Ripen zum gemeinsamen Landesherren wählten, taten sie dies unter zwei Bedingungen. Zum einen mußte sich der Gewählte für sich und seine Erben verpflichten, die beiden Herzogtümer *ewich tosamende ungedelt* zu halten, ihnen andererseits jedoch im Rahmen der erwünschten Personalunion sämtliche Freiheiten und Rechte der Selbständigkeit zu lassen. Um diesem Anspruch Nachdruck zu verleihen, wurde zum anderen festgelegt, daß Schleswig dänisches, Holstein jedoch deutsches Lehen bleiben sollte. Trotz des Widerspruchs in sich, wurde damit zum ersten Mal für das Land zwischen Elbe und Flensburger Förde so etwas wie Einigkeit erreicht. Bis es allerdings soweit war, hatte es ein rund 700jähriges Ringen um das Land und seine Herrschaft gegeben.

Bis in die karolingische Zeit hinein war es zwischen Nord- und Ostsee relativ friedlich zugegangen. Im nördlichen Teil hatten die Dänen das von den Angeln verlassene Land bis hinunter zur Schlei friedlich besetzen können, die im Westen und auf den Inseln angesiedelten Friesen ließen sie unbehelligt. Nördlich der Elbe, in Dithmarschen und Stormarn, saßen seit eh und je die Sachsen. Im Osten hatten slawische Abotriten die im 5. Jahrhundert abgewanderten Sueben nach und nach ersetzt.

Keiner der Vier hätte einem der anderen wohl Wesentliches streitig machen wollen oder können, wäre da nicht Karl der Große und mit ihm sein Kampf gegen die südlich der Elbe ansässigen Sachsen aufgetaucht. Weil die nordelbischen Sachsen ihren Verwandten auf der anderen Seite zu Hilfe kamen, sorgte Karl dafür, daß die slawischen Abotriten, den nordelbischen Sachsen unter Führung eines fränkischen Heerführers 798 auf dem Swentanafeld bei Bornhöved in den Rücken fielen und sie vernichtend schlugen.

Zur Belohnung hatte Karl den Slawen das gesamte, bisher von den Sachsen gehaltene nordelbische Gebiet versprochen, ohne dabei jedoch zu bedenken, daß dies die Dänen auf den Plan rufen könnte. Ihr König Göttrik zögerte denn auch nicht, Reric, den wichtigsten Handelsplatz der Abotriten im Jahre 808 zu zerstören. Seine neue Südgrenze sicherte er durch den Bau des *Danewerkes,* einer befestigten Verteidigungslinie zwischen Schlei und Treene. Um den Dänen ein weiteres Vordringen nach Süden zu verwehren, blieb Karl nichts anderes, als auch das nordelbische Sachsenland bis hinauf zur Eider zu besetzen.

Im gleichen Zug wurden die Abotriten gezwungen, sich hinter die Linie Kieler Förde – Trave – Lauenburg zurückzuziehen. Als Trennungslinie entstand ein breites Niemandsland mit Verteidigungswällen auf beiden Seiten, der *Limes Saxoniae.* Zur Sicherung des neuen Landes im Norden ließ Karl der Große 810 an der Elbe die Hammaburg und an der Stör bei Itzehoe das Kastell Esesfeld errichten. Parallel dazu begann die christliche Missionierung mit der Gründung von Kirchen, vor allem in Hamburg und Meldorf. Mit dem aus der Pikardie stammenden Ansgar zog 831 in Hamburg sogar der erste Bischof ein. In Haithabu, am Westende der Schlei, entfaltete sich der zentrale Handelsplatz für den Warenverkehr zwischen Nord- und Ostsee.

Lange währen allerdings sollte die friedliche Entwicklung nicht. Im Osten versuchten immer wieder beutegierige Wenden, Schwachstellen im *Limes Saxoniae* zu nutzen, von Norden her testeten streunende Wikinger raubend und mordend die Widerstandskraft der deutschen Könige. Wohl gelang es Heinrich I. 934, die Wikinger bei Haithabu empfindlich zu schlagen und die Grenze zwischen Schlei und Treene neu zu sichern, doch mußte schon Konrad II. zu Beginn des 11. Jahrhunderts zusehen, wie der dänische König, Knud der Große, seinen Einfluß bis zur Eider ausdehnte. Damit wurde Schleswig dänisch und kam zum Erzbistum Lund. Bis zur Reformation sollte dies sich nicht mehr ändern.

Einen nicht unerheblichen Unruhefaktor brachten immer wieder von neuem die Wenden. Sie regierten von Alt-Lübeck aus, ein Gebiet, das bis nach Vorpommern reichte. Um ihren Expansionsgelüsten Einhalt zu gebieten, setzten die Dänen in Schleswig und die Sachsen in Holstein und Stormarn je einen Grafen ein. Im Süden waren dies ab 1111 die Schauenburger. Ihnen gelang es in der Folge, Wagrien zu kolonisieren, Lübeck zur Stadt auszubauen und 1160 sogar den Bischofssitz von Oldenburg nach Lübeck zu holen. Bei all dem halfen ihnen Siedler, die man aus Westfalen, Flandern, Friesland und sogar aus Holland geholt hatte. Dank des bei Lüneburg gewonnenen und von Lübeck aus verschifften Salzes wurde die Stadt an der Trave schnell Zentrum des Ostseehandels.

Noch aber war die dänische Gefahr keineswegs beseitigt. Die Streitigkeiten zwischen Welfen und Staufern ermunterten sie zur Besetzung von ganz Holstein bis hinunter nach Hamburg und Ratzeburg. Graf Adolf III. von Schauenburg wurde verjagt, und 1214 segnete Kaiser Friedrich II. die Eroberung der Dänen sogar offiziell ab. Allerdings war dabei die Rechnung ohne die Schauenburger Grafen gemacht worden. Ihr Adolf IV. besiegte die Dänen 1227 in der Schlacht von Bornhöved und zwang sie damit wieder hinter die Eider zurück.

Als Graf von Holstein und Stormarn setzte er die von seinen Vettern begonnene Kolonisation des ehemaligen Wendengebietes fort, wobei er allerdings auf Lübeck verzichten mußte. Die Lübecker hatten sich nämlich ein Jahr vor seinem Sieg vom Kaiser die Reichsfreiheit bestätigen lassen und verwalteten sich nach ihren eigenen Normen, dem *Lübischen Recht,* selbst.

Der geschickteste Schachzug aber gelang Graf Adolf IV. nicht auf dem Schlachtfeld, sondern mit einer Heirat. Herzog Abel von Schleswig nämlich, ein Sohn des Dänenkönigs, heiratete die Tochter des Schauenburger Grafen und legte damit den Grundstein für eine Jahrhunderte dauernde verwandtschaftliche Beziehung zwischen beiden Häusern. 1326 führte dies sogar dazu, daß mit Graf Gerhard III. erstmals ein Schauenburger mit dem Herzogtum Schleswig belehnt wurde. Als Adolf VIII. als letzter Schauenburger ohne Erben starb, führte dies 1460 zum eingangs erwähnten Vertrag von Ripen. Zusätzlich gefördert wurde die neue Einheit, als Kaiser Friedrich III. die Grafschaft Holstein und Stormarn 1474 zum reichsunmittelbaren Herzogtum erhob.

Das Jahr 1460 markierte neben der Vereinigung der beiden Herzogtümer auch den Beginn einer bis 1864 dauernden politischen Union mit dem dänischen Königreich. Die oberste Verwaltung der Herzogtümer lag bei der «Deutschen Kanzlei» in Kopenhagen, die sich ab 1806 «Schleswig-Holsteinische Kanzlei» nannte. Schon 1848 aber hatte diese nichts mehr zu melden, denn die revolutionären Vorgänge in ganz Europa ließen auch in Schleswig-Holstein nationale Bestrebungen und schließlich den Deutsch-Dänischen Krieg ausbrechen.

Im Wiener Frieden von 1864 mußte Dänemark endgültig auf Schleswig-Holstein verzichten, das auf den 1. Januar 1867 preußische Provinz wurde – mit einer Nordgrenze allerdings, mit der Dänemark noch keineswegs einverstanden war. Bei den Siegermächten setzte das Königreich durch, daß unter Aufsicht einer internationalen Kommission am 10. Februar 1920 im Grenzbereich eine Volksabstimmung abgehalten wur de. In der Zone nördlich von Flensburg entschieden sich 75 Prozent für Dänemark, in der Zone südlich davon achtzig Prozent für den Verbleib bei Deutschland. Damit wurde die deutsch-dänische Grenze rund fünfzig Kilometer nach Süden verlegt und verläuft seitdem zwischen Wiedau und der Flensburger Förde.

Mit dieser Volksabstimmung endeten zwar die komplizierten, über Jahrhunderte gewachsenen dynastischen Verbindungen zwischen dem Herzogtum Schleswig und dem dänischen Königshaus, doch ohne Probleme blieb die neue Situation auch nicht. Auf beiden Seiten der Grenze entstanden Minderheiten. Im Norden mußten sich rund 20 000 Deutsche damit abfinden, plötzlich dänisch zu sein. Im Süden kamen rund 60 000 Dänen unter deutsche Oberhoheit.

Als Minderheiten gehören die Volksgruppen auf beiden Seiten der Grenze heute zum kulturellen und politischen Alltag. Auf deutscher Seite gibt es deshalb im Landtag den Abgeordneten des Südschleswigschen Wählerverbandes, der die Belange der dänischen Minderheit vorbildlich vertritt. Wer immer es will, kann jedenfalls auf deutscher Seite von der Wiege bis zur Bahre perfekt dänisch leben, getreu des vom schleswig-holsteinischen Landtag 1949 einstimmig verabschiedeten Rechtsgrundsatzes: «Das Bekenntnis zum dänischen Volkstum und zur dänischen Kultur ist frei – es darf von Amts wegen nicht bestritten oder nachgeprüft werden.»

Heute, im Zeichen eines vereinten Europas, sind alte Grenzquerelen längst vergessen, und das Zusammenleben auf der Basis von Toleranz und Gegenseitigkeit könnte ein Beispiel für manche, noch nicht soweit gediehene Region Europas sein.

# Zwischen Holstein und Mecklenburg

*Die Stadt der alten Elbschiffer*

Wer heute etwa von Lüneburg aus über die Elbe bei Lauenburg in den südöstlichsten Zipfel Schleswig-Holsteins kommt, bewegt sich auf einst hochbedeutsamen Pfaden. Hier nämlich zogen die Kauf- und Fuhrleute zu Zeiten der Hanse mit ihren mit dem «weißen Gold» hoch beladenen Wagen auf dem Weg zur Salzverschiffung in Lübeck vorbei. In Lauenburg setzten sie über die Elbe, zogen dann durch die auf lauter Seen zu schwimmen scheinende Eulenspiegelstadt Mölln und rasteten wohl nicht selten ein letztes Mal im idyllischen Ratzeburg, wo Heinrich der Löwe schon im 12. Jahrhundert den gewaltigen Backsteindom errichten ließ.

Heute ist in der schläfrigen Idylle Lauenburgs weder von der einstigen Geschäftigkeit des Salztransportes noch von der ab 1182 erbauten Burg des späteren Herzogtums Sachsen-Lauenburg das geringste zu spüren. Von der herzoglichen Festung ist nur ein längliches Gebäude aus Backstein geblieben, das zwar «Schloß» genannt wird, aber dennoch nur nach Amtsstube und Rathaus riecht. Selbst der mittelalterliche Geschützturm, seit dem 18. Jahrhundert nur noch als Gefängnis benutzt, kann mit seinen engen und verstaubten Zellen nicht unbedingt den Eindruck vergangener Größe erwecken. Um so schöner ist dafür der Blick auf die Unterstadt und über die Elbe hinweg bis weit ins topfebene Grün Niedersachsens hinein.

Weitaus interessanter ist da schon die Lauenburger Altstadt, die sich im 13. Jahrhundert als Schiffersiedlung im Schutz der herzoglichen Burg und entlang der Elbstraße auf dem schmalen Uferstreifen unterhalb des steilen Geesthanges entwickelte. Bürgerhäuser mit geschnitzten und bemalten Fachwerkgiebeln lassen hier das 16. und 17. Jahrhundert lebendig werden, und die um 1300 begonnene Maria-Magdalenen-Kirche erinnert als herzogliche Grablege mit ihren Monumenten in niederländischen Renaissanceformen an einstige Landesherrlichkeit.

Daß es auf der Elbe zu allen Zeiten regen Schiffsverkehr gab, beweist nicht nur der 1900 in Dresden gebaute Raddampfer *Kaiser Wilhelm*, sondern auch die bereits 1726 gebaute Palmschleuse. Sie öffnete als Kesselschleuse den Zugang zum ehemaligen Stecknitzkanal nach Lübeck. Unmittelbar daneben sichert die 1900 vollendete Schleuse dem zur selben Zeit ausgebauten Elbe-Lübeck-Kanal seinen Wasserstand, der immerhin Lastkähnen bis zu zwei Meter Tiefgang die Fahrt von der Elbe nach Lübeck und damit in die Ostsee ermöglicht. Daß all dies heute tidenunabhängig geschehen kann, dafür sorgt die Elbstaustufe bei Geesthacht. Sie garantiert nicht nur, daß der Einfluß der Tide auf die Unterelbe beschränkt bleibt, sondern liefert mit ihrem gewaltigen Pumpspeicherwerk auch noch jede Menge Energie.

Ein wenig weiter westlich beginnt der bis zum Hamburger Stadtrand reichende Sachsenwald, den Bismarck 1871 als Staatsgeschenk erhielt und der noch heute der größte zusammenhängende Forst Schleswig-Holsteins ist. In Aumühle setzte ihm die Familie von Bismarck vor einigen Jahren einen farbenfrohen zartflatternden Akzent: den Schmetterlingsgarten. Hinter dem Wald, unmittelbar vor den nördlichen Toren Hamburgs, findet sich eines der Schlösser, die ein wenig von dem verraten, wie es in Schleswig und Holstein zuging, als es hier noch Grafen und Herzöge gab: das weiße Schloß am Rand von Ahrensburg.

Das standesgemäße Herrenhaus entstand ab 1595 nach dem Vorbild von Schloß Glücksburg und im Auftrag von Graf Peter von Rantzau, der es «zur ruhmreichen Ehre seines Geschlechts und des Vaterlandes» errichten ließ. Glaubt man seinem Vetter Heinrich von Rantzau und seiner Anfang des 17. Jahrhunderts verfaßten *Cimbrischen Landesbeschreibung*, war das Haus «mit unbeschreiblichen Kosten errichtet» worden, und seine Räume waren «mit Gold und Silber bekleidet» gewesen.

Das malerisch auf einer kleinen Insel in wohl angelegtem Teich thronende Schloß besteht im Grunde aus drei zum Block zusammengefaßten Einzelhäusern mit langen Satteldächern. Die achtseitigen Ecktürme akzentuieren welsche Hauben mit zierlichen Laternen. Die Giebel verraten ein wenig grazile Verspieltheit, auch wenn ansonsten die glatten weißen Wände lediglich mit rechteckigen Sprossenfenstern gegliedert sind.

Dem stolzen Bau schien zunächst keine allzu große Zukunft beschieden, ging es mit der Grafenfamilie von Rantzau doch bergab. Entsprechend begann das Anwesen im frühen 18. Jahrhundert herunterzukommen. Da traf es sich gut, daß der königlich-dänische Schatzmeister, Freiherr Heinrich Carl von Schimmelmann, eine repräsentative Sommerresidenz suchte. Mit sicherem Blick erkannte er die in Schloß Ahrensburg steckenden Möglichkeiten, kaufte 1759 das Anwesen und ließ es von Grund auf neu ausstatten. Außer einem neuen, prachtvollen Treppenhaus erhielten die wichtigsten Räume Stuckdecken in schönstem Rokoko sowie feinste Tapeten und Vertäfelungen. Die Möbel wurden von den Spitzenwerkstätten aus ganz Europa bezogen. Wie kaum ein anderes Haus vermittelt deshalb Schloß Ahrensburg heute einen Eindruck davon, wie die «vornehme Welt» in der zweiten Hälfte des 18. Jahrhunderts sich einzurichten suchte.

## *Auf den Spuren Till Eulenspiegels*

Auf dem Weg von Lauenburg nach Norden bildet der Elbe-Lübeck-Kanal gleich hinter Büchen die Westgrenze des vierhundert Quadratkilometer großen Naturparks Lauenburgische Seen, der nicht nur der erste und älteste, sondern auch der größte Naturpark des Landes ist. Er umfaßt mit 35 großen und kleinen Waldseen gut vierzig Quadratkilometer Wasser und über achtzig Quadratkilometer Wald. Welch landschaftliche Schönheiten hier versteckt sind, hat Dieter Melms-Liepen, der langjährige Betreuer des Naturparks so auszudrücken versucht: «Aus der Vielfalt eiszeitlich geprägter Rinnen und Kolke, bachrauschender Steilhänge, birkener Moore, verschilfter Teiche, einsamer Heiden, blanker Bäche und geheimer Quellen setzt sich der Klangkörper lebendiger Landschaft zusammen. Da ist kein Mangel, weder an kargem Boden für Kartoffeln und Kiefern noch an fettem für Weizen und Eichen. Da gibt es Bescheidenheit und Hochmut. Es ist bäuerliches Land mit geringer Bevölkerungsdichte, Land der Seen und Wälder.»

Zu ergänzen wäre, daß es hier weit über hundert Kilometer Wanderwege, Schutzhütten, Naturlehrpfade, Wildgehege und eine ganze Reihe namhafter Naturdenkmäler gibt. Dam-, Reh-, Rot- und Schwarzwild sind ebenso in freier Wildbahn anzutreffen wie der seltene See- und Fischadler, der Kranich, der Eisvogel, die Rohrweihe oder der Schwarze Milan. Einziger Wermutstropfen bei soviel Schönheit: viele Wege nach Osten enden im Nichts, und so mancher See kann nicht umwandert werden, weil die Ostgrenze des Naturparks mit der hermetisch dichten Grenze zur DDR identisch ist. Nur ökologisch macht dieser Nachteil einen Vorteil aus: Adler, Gänsesäger oder Kormorane gibt es eben nur, weil diese in der Einsamkeit hinter den östlichen Riegeln ihre Nischen zum Überleben finden.

Eine solche Nische, wenn auch ganz anderer Art, half der kleinen St. Clemens-St. Katharinen-Kirche in Seedorf am Schaalsee über die Jahrhunderte. Sie stammt mit ihrem ab 1230 errichteten, frühgotischen Backsteinbau aus der Zeit, als die letzten Kirchspiele im ostholsteinisch-lauenburgischen Kolonisationsgebiet ihre Gotteshäuser erhielten. Als besondere Kostbarkeit sind im Chor über dem Altar des Kirchleins Gewölbemalereien aus dessen Entstehungszeit erhalten. Die Fresken gelten als die besterhaltene Großmalerei des 13. Jahrhunderts in ganz Norddeutschland.

Größte Stadt im Naturpark Lauenburgische Seen ist das von malerischen Seen fast eingeschlossene Mölln. Hier soll 1350 der närrische Schalk Till Eulenspiegel

# BILDKOMMENTARE

Seite 13:
Lauenburgs *Elbstraße entstand im 13. Jahrhundert als Schiffersiedlung unterhalb einer herzoglichen Burg. Die heutige Bebauung stammt aus dem 16. und 17. Jahrhundert.*

Seite 14:
*Das Lauenburger Bürgerhaus mit seinem prachtvoll geschnitzten und bemalten Fachwerkgiebel ist inzwischen gut 400 Jahre alt und heute noch so schön wie eh und je.*

Seite 15:
*In Mölln soll um 1350 der Schalksnarr Till Eulenspiegel begraben worden sein. Daß es Glück bringe, wenn man Daumen oder Schuh seiner Figur reibe, scheinen viele zu glauben.*

Seiten 16/17:
*Der* Naturpark Lauenburgische Seen *ist der größte des Landes. Hier gibt es immerhin 35 größere und kleinere Waldseen, über 1000 Kilometer Wanderwege und herrlich stille, dafür aber um so wildreichere Winkel, Rohrweihe (links), Kiebitz (rechts) und Damhirsche können die Vielfalt nur stellvertretend andeuten.*

Seiten 18/19:
*Zu den größten Seen des Naturparks Lauenburgische Seen gehört der* Schalensee bei Großzecher. *Die Sicht aus der Vogelperspektive verrät, daß die in der Eiszeit entstandene Seenplatte zum größten Teil von Hochwald eingefaßt ist. Der ausgedehnte Wald sorgt zusammen mit der Unzugänglichkeit der nahen DDR-Grenze dafür, daß sogar Adler, Gänsesäger und Kormorane hier ihre Nischen zum Überleben finden können.*

Seite 20:
*Wo heute der* Ratzeburger *Dom den gleichnamigen See überragt, stand einst die Hauptburg der wendischen Polaben. Der 1220 vollendete Dom entstand als dreischiffige, gewölbte Pfeilerbasilika mit gotischem Turmblock. Seine spätromanische Südvorhalle ist ein besonders schöner Beweis damaliger Backsteinbaukunst.*

Seite 21:
*Den Evangelisten an der Kanzel des Ratzeburger Domes (links) schnitzte* Hinrich Matthes 1567, *die Madonna (rechts) stammt aus dem 15. Jahrhundert. Die reich verzierte Giebelfront der südlichen Vorhalle vermittelt den Eindruck schwebender Leichtigkeit.*

Seite 22:
*Der Blick in das Innere des Domes verrät, daß seine Gewölbe nach dem Vorbild des Braunschweiger Domes gebaut wurden. Spitzbogige Gurte auf Wandpfeilern unterfangen die Kreuzgratgewölbe.*

Seite 23:
*Die Zeit der klassischen großen Segelschiffe ist leider unwiderruflich vorbei. Hier das stolze Schulschiff «Passat».*

Seite 24:
*Windmühlen wie die bei* Salem *gab es einst an jeder Ecke. Heute ist leider kaum noch eine funktionsfähig.*

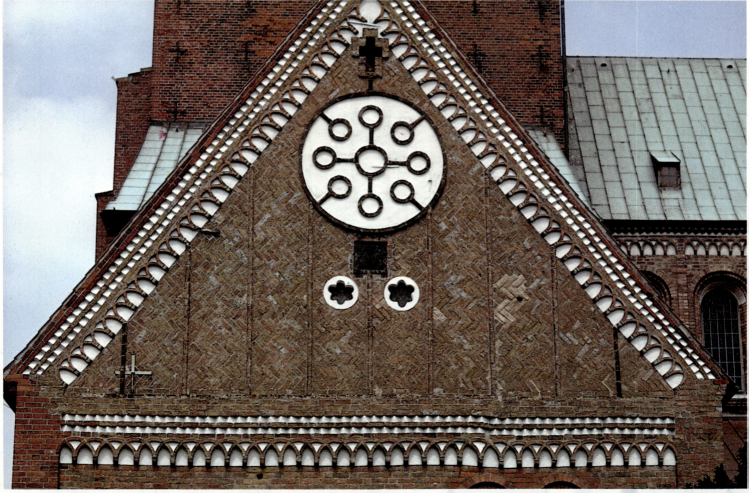

begraben worden sein, der mit seinem bäuerlichen Mutterwitz nur deshalb so erfolgreich war, weil er jeden bildlichen Befehl wörtlich auszuführen verstand. Ob es allerdings wirklich Glück bringt, wenn man seiner Figur am Marktplatz den Daumen oder den Schuh reibt, mag jeder selbst versuchen.

Bedeutsam jedoch wurde Mölln weniger durch Till als durch seine Zugehörigkeit zu Lübeck. Sie hatte sich nach und nach ergeben, nachdem Kaiser Barbarossa Lübeck die Hoheitsrechte auf der Stecknitz bis Mölln zugesichert hatte. Die große Handelsstadt ließ daraufhin ab 1335 das von Lüneburg kommende Salz schon in Mölln auf Spezialschiffe verladen. Wesentlich erleichtert wurde dies ab 1359, als die in Geldnot geratenen lauenburgischen Herzöge ihr Mölln an die Hansestadt verpfänden mußten – ein Pfand, das erst 1683 wieder eingelöst werden sollte.

Als die Lübecker merkten, daß Mölln ihnen als Stützpunkt erhalten blieb, ließen die Hanseaten von 1391 bis 1398 zwischen dem Möllner See und der nach Süden in die Elbe abfließenden Delvenau einen Kanal graben. Er war der erste Vorgänger des 1900 fertiggestellten Elbe-Lübeck-Kanals und die erste künstliche Wasserstraße Nordeuropas. Gleichzeitig sorgten die Lübecker dafür, daß Mölln eine aufwendige Befestigung mit Stadtmauer, 16 Türmen und zwei großen Toren erhielt. Erhalten geblieben ist davon allerdings nur das System der kleinparzelligen Bebauung und die neben dem gotischen Rathaus auf einem Hügel gelegene Stadtkirche.

Ihr kostbarstes Ausstattungsstück ist eine mittelalterliche Taufgruppe von 1509, die aus einem runden Gitter mit bemalten Pfosten, einem bronzenen Bekken auf drei Tragefiguren und einem spitzkegeligen Deckel mit spätbiedermeierlicher Bemalung von 1869 besteht. Geschaffen wurde diese Taufe vom Lübecker Meister Peter Wulf. Er und das mehrfach angebrachte Lübecker Stadtwappen bestätigen einmal mehr die enge Beziehung zur Hansestadt.

## *Besuch bei Fürst Ratibor*

Der größte See der Lauenburger Seenplatte ist mit über 1400 Hektar der Ratzeburger See. Der «richtigste» Weg nach Ratzeburg führt folglich von Norden her über den in einer schmalen Rinne einer ehemaligen Gletscherzunge eingebetteten, neun Kilometer langen See. Noch stilgerechter allerdings gerät das Ganze, besteigt man das Schiff schon am Rande der Lübecker Altstadt. Der Ausflug nach Ratzeburg gerät dann zu einer romantischen Wasserfahrt zunächst auf der

Wakenitz und schließlich über den See. Weil die Wakenitz, gerne auch als «norddeutscher Amazonas» apostrophiert, Grenzfluß zur DDR ist, haben sich auch hier in idyllischer Abgeschiedenheit und fast subtropisch anmutender Vegetation zahlreiche Wasservögel eingenistet. Ökologisch heile Welt dank einer politisch unheilen?

Nähert sich das Schiff der Ratzeburger Insel, dominiert auf ihrer Nordspitze schon von weitem der um 1160 begonnene, von Heinrich dem Löwen geförderte und bereits um 1220 vollendete monumentale Backsteinbau des Domes. Dabei war er keineswegs das ursprünglich Ratzeburg Dominierende. Diese Stellung kam vielmehr der Hauptburg der wendischen Polaben zu. Sie war einst von Fürst Ratibor, den man auch Ratse nannte, gegründet worden, und von ihm hatte die Stadt den Namen bekommen. Erst 1142 belehnte Heinrich der Löwe den Lüneburger Ritter Heinrich von Badewide mit der Grafschaft Ratzeburg und schuf damit die Voraussetzung für Kolonialisierung und Christianisierung.

Für ihren Dombau erhielten die Christen die bis dahin unbesiedelte Inselspitze im Norden der zunächst wendischen und später gräflichen Burg. Während von dieser Burg nichts erhalten ist, hat der Dom die Jahrhunderte völlig unbeschädigt überstanden. Er gehört als dreischiffige, gewölbte Pfeilerbasilika und mit seiner außergewöhnlich schön gestalteten Südvorhalle zu den eindrucksvollsten romanischen Backsteindomen im deutschen Norden.

Im Inneren prägen Zurückhaltung und eine gewisse Kargheit das Bild der steinsichtigen Mauern. Gebaut wurde nach dem Vorbild des Braunschweiger Domes, von dem auch für das Mittelschiff die Technik des Gewölbebaus übernommen wurde. Trotz der spitzbogigen Querschnitte handelt es sich dabei noch um keine gotische Gewölbekonstruktion, vielmehr unterfangen spitzbogige Gurten auf Wandpfeilern die Kreuzgratgewölbe. Zahlreiche Bischofsgrabsteine zeugen von der Vergangenheit des Domes als Bischofskirche. Reste des ältesten norddeutschen Chorgestühles (um 1200) erinnern ebenso wie ein gotischer Dreisitz von 1340 und eine Triumphgruppe von 1260 an glanzvolle Ratzeburger Tage unter dem christlichen Krummstab.

Mitten in die Problematik heutiger Tage wird man dagegen gestoßen, besucht man das «Alte Vaterhaus» oder das erste Haus neben der ehemaligen Dompropstei. Im ersteren wohnte von 1878 bis 1884 Ernst Barlach. Heute beherbergt es eine Sammlung aus seinem Schaffen. Das Haus am Domhof nennt sich heute A. Paul-Weber-Haus. Hier wird von seinem Sohn das Werk des so weitsichtigen satirischen Graphikers betreut.

# Lübeck – Königin der Hanse

*Der mittelalterliche Handelsplatz*

Die Wenden scheinen tüchtige Kaufleute gewesen zu sein, hatten sie doch schon im frühen 12. Jahrhundert an dem von Niedersachsen zur Ostsee führenden Handelsweg ihren Handelsplatz *Liubice* (die Liebliche) errichtet. Er lag an der Mündung der Schwartau in die Trave, hatte eine Königsburg, eine kleine Kirche und bereits eine deutsche Kaufmannskolonie. Die ganze im Namen beschworene Lieblichkeit jedoch half der Wendensiedlung nicht, als Graf Adolf II. von Schauenburg das Land für sich in Besitz nahm. Nun wurde wenige Kilometer traveaufwärts, im inselartigen Oval zwischen Trave und Wakenitz, das neue Lübeck gegründet und 1143 von Adolf als neuem Grafen von Holstein mit dem Bau einer Burg gesichert.

Die überraschend schnell wachsende Bedeutung des nahen Handelsortes rief schon bald Heinrich den Löwen auf den Plan, der nach dem gescheiterten Versuch, im Norden von Lübeck eine Konkurrenzstadt zu gründen, nun selbst die Macht in der gräflichen Gründung übernahm. Man schrieb das Jahr 1159, und wie auf ein Trompetensignal ging es nun Schlag auf Schlag. Nur ein Jahr später verlegte der Bischof seinen Sitz von Oldenburg hierher, so wichtige Bauten wie der Dom, die Marktkirche St. Marien, die Pfarrkirchen St. Petri und St. Ägidien wurden begonnen. Bereits 1226 erhob Friedrich II. Lübeck zur Freien Reichsstadt, die ihrem neuen Status auch umgehend mit dem Neubau ihres Rathauses und einer wehrhaften Stadtmauer gerecht zu werden suchte.

Begründet aber war all dies in der geographischen, strategischen und nicht zuletzt juristischen Sicherheit, die Lübeck zwischen den Handelsgebieten von Nord- und Ostsee einerseits, sowie zwischen den rheinisch-flandrischen Städten und den skandinavisch-baltischen Ländern andererseits zu bieten hatte. Das *Lübische Recht* wurde in weiten Bereichen anerkannt. In der «Europäischen Wirtschaftsgemeinschaft» des Mittelalters, wie man die Hanse auch nennen könnte, fiel Lübeck der Rang eines Vorortes (Hauptort) wie von selbst zu.

Mit der 1161 erfolgten Gründung der *Genossenschaft der Gotland besuchenden deutschen Kaufleute* begann ein Aufschwung, der erst 1669 mit dem letzten Hansetag zu Grabe getragen werden sollte. In ihrer Blütezeit reichte der Einfluß der Hanse mit eigenen Kontoren immerhin bis London, Bergen und Nowgorod. Selbst als die Hanse längst Geschichte war, blieb Lübeck als einziger Hansestadt neben Hamburg und Bremen die Reichsfreiheit erhalten. Sie ging erst 1937 verloren, als Adolf Hitler die einst so stolze Stadt aus Rache zur preußischen Provinzstadt degradierte. Er sah darin die gerechte Strafe dafür, daß der

Senat der Stadt ihm ein Jahr vor der Machtergreifung eine Wahlrede untersagt hatte.

Auch heute noch läßt die Lübecker Stadtlandschaft trotz Niedergang im 18. Jahrhundert und trotz schwerer Bombenschäden vom März 1942 auf Schritt und Tritt erkennen, wie die mittelalterliche Großstadt aus der Blütezeit der Hanse aus dem Zusammenwirken der drei Mächte Landesherr, Bischof und Bürgertum geprägt wurde und gewachsen war. Wie eh und je bestimmen die sieben hohen Türme ihrer fünf wichtigsten Kirchen die Fernsicht, wie eh und je ist ihr einst von Stadtmauer und Bastionen geschütztes Oval ganz von Wasser umgeben, so daß ihr klarer und großzügiger Aufbau um so augenfälliger wird. Auch wenn von der einstigen Stadtbefestigung außer zwei Toren nichts mehr erhalten ist, erwecken doch die langen Giebelhäuserfronten an der Untertrave und die dahinter und darüber sanft ansteigenden Dächer mit den sie überragenden Baumassen der Backsteinkirchen und den türmchenbewehrten Hochwänden des Rathauses den Eindruck seltener Geschlossenheit.

Den schönsten Teil der einst so gewaltigen Stadtummauerung kennt jeder, und sei es nur vom 50-Mark-Schein. Das «Wahrzeichen des wehrhaften hansischen Lübeck» diente seit dem 14. Jahrhundert der Sicherung der wichtigen Ausfallstraße nach Holstein und Hamburg. Dazu gab es auch auf der Stadtseite der Trave eine Torbefestigung. Das feldseitige Tor bildete die äußere Sicherung, vor der es zudem noch einen eigenen Zwinger gab. Das heutige Holstentor wurde als Ersatz für ein kleineres, feldseitiges Tor 1478 vom Lübecker Ratsbaumeister Hinrich Helmstede errichtet.

Bei seinem Bau folgte er Vorbildern flandrischer Brückentore, ohne sie jedoch einfach nachzubauen. So gelang es ihm, das mit Blendarkaden und Treppengiebel verzierte eigentliche Torhaus mit den kompakten Massen zweier gedrungener, von spitzen Kegeldächern behüteten Rundtürmen zu einer beispielhaften Einheit zu kombinieren. Während auf der Feldseite die Gestaltung ganz der Betonung der Wehrhaftigkeit dient, gibt sich die der Stadt zugewandte Rückfront sehr viel freundlicher. Flankentürme und Torhaus bilden hier eine einheitliche Fassade mit zwei in Blendarkaden aufgelösten Obergeschossen.

Noch ganz den gräflichen und später herzoglichen Burgbezirk repräsentiert im Norden bis heute das Burgtor. In seinem Kern stammt es aus dem 13. Jahrhundert und sicherte einst als inneres Tor im Rahmen ausgedehnter Befestigungen den einzigen natürlichen Zugang zu Burg und Stadt. Nur hier sind auch noch Teile der alten Stadtmauer mit den dicht aufeinander folgenden Stümpfen der Halbtürme erhalten. Das Burgtor selbst erhielt seine heutige Gestalt 1444 durch den Ratsbaumeister Nikolaus Peck, der den alten Torturm um ein Geschoß erhöhte und oberhalb des Erdgeschosses auf allen Seiten neu verblendete. Die ursprünglich gotische Helmspitze wurde 1685 durch die heutige barocke Haube ersetzt.

Daß der spätgotische Umbau von Meister Peck weniger der Steigerung der Abwehrkraft als der Förderung der dekorativen Wirkung diente, macht uns den Torturm heute um so liebenswerter, zeigen doch die verschiedenartigen Friese und der Schichtenwechsel zwischen glasierten und gewöhnlichen Backsteinen sowie die ganz in Maßwerkfenster aufgelösten Wände, daß schon damals den Lübecker Stadtvätern viel an der Schönheit ihres Stadtbildes lag.

## Bürger und Bischof im Wettstreit

Gegenpol der gräflichen Burg im Norden (sie wurde 1229 durch ein von der Stadt gegründetes Dominikanerkloster ersetzt) war von Anfang an der Dom auf der Südspitze der Stadtinsel. Seinen Grundstein legte Heinrich der Löwe im Jahre 1173. Gegen Ende des 12. Jahrhunderts wurde die dreischiffige Basilika im gebundenen System mit Querschiff fertiggestellt. Schon Mitte des 13. Jahrhunderts aber scheint der Bischof in arge Verlegenheit gekommen zu sein. Neben den Pfarrkirchen St. Petri, St. Jakobi und St. Ägidien in den verschiedenen Stadtteilen errichteten die Lübecker nämlich unmittelbar neben ihrem Marktplatz die gewaltige Marktkirche St. Marien als riesige romanische Backsteinbasilika.

Weil dieser Bau den Dom bei weitem übertraf, blieb dem Bischof gar nichts anderes übrig, als auch seinen Bau zu erweitern, um damit neben der «Bürgerkathedrale» bestehen zu können. Ab 1266 wurde deshalb der Dom um einen Hallenumgangs-Chor erweitert, der nach und nach auch den Umbau des Langhauses zu einer Halle forderte. Zu diesem Zweck wurden die Mittelschiffwände bis auf die Zwischenpfeiler herausgebrochen und die Seitenschiffe erhöht. Vom alten Heinrichsdom künden deshalb heute nur noch die trutzigen, sparsam gegliederten und ungleichmäßig durchfensterten Westtürme.

Von der alten, einst prächtigen Ausstattung haben die Feuerstürme des letzten Krieges wenig genug, dafür aber um so Kostbareres übriggelassen. Zu erwähnen ist vor allem die gewaltige Triumphkreuzgruppe, die Bernt Notke 1477 als Hauptwerk lübischer Schnitzkunst im Auftrag von Bischof Albert Krummendieck für den Dom schuf. Die das Langhaus gegen das Querschiff abschließende

Anlage reicht mit ihrem mit reichem Schnitzwerk versehenen Kreuz und dem überlebensgroßen leidenden Christus bis in das Gewölbe hinein. Kleiner ausgebildet sind Adam und Eva an den Außenseiten, wieder überlebensgroß Maria und Johannes – sowie unmittelbar neben dem Kreuzstamm kniend – Maria Magdalena und der Stifterbischof. Das Kreuz selbst ist als Lebensbaum ausgebildet, der die Gemeinschaft der Heiligen symbolisieren soll. Das bronzene Taufbecken goß Lorenz Grove 1455, die große Uhr an der rechten Seite des Lettners wurde 1628 fertiggestellt, und die prächtige Kanzel wurde bereits 1568 gestiftet.

Wer in Lübeck jedoch tatsächlich das Sagen hatte, das drückt vor allem die Bürgerkathedrale St. Marien aus. Ihre von Anfang an ehrgeizige Akzentuierung läßt sich bis heute nicht übersehen. Zum einen wurde der Bau um 1200 auf dem höchsten Punkt der Stadt begonnen, obwohl dorthin eigentlich der Dom gehört hätte. Zum anderen entschied man sich für eine querhauslose, dreischiffige Basilika, obwohl für die damalige Zeit den Bürgern eine Hallenkirche angemessener gewesen wäre. Zum dritten gab man der Rivalität zum bischöflichen Dom äußerlich auch noch dadurch Ausdruck, daß man ungeniert zwei Türme baute, obwohl einer Pfarrkirche nur ein Turm zugestanden hätte. Zudem baute man sofort riesig, um allein schon von den Dimensionen her den Dom zu übertreffen.

Begonnen wurde mit einer romanischen Basilika, die jedoch bald von der Idee einer gotischen Kathedrale nach nordfranzösischem Vorbild eingeholt wurde. Bis 1330 entstand so unter der Leitung des *magister operis* Hartwich das heutige riesige Langhaus. Bis 1351 schließlich erhielten die beiden Westtürme zum krönenden Abschluß des Ganzen ihre spitzen Helme.

Obwohl die Kirche am 29. März 1942 vollständig ausbrannte, ist sie heute in ihrem architektonischen Bestand wieder völlig hergestellt und kündet wie schon seit gut 600 Jahren vom stolzen Bürgersinn ihrer Erbauer. Kaum ein Besucher kann sich denn auch dem überwältigenden Eindruck des achtzig Meter langen und knapp vierzig Meter hoch aufsteigenden Mittelschiffes entziehen, das beiderseits von zwei riesenhaft hohen, engen Pfeilerreihen übereinander eingerahmt ist. Die untere Reihe ist zu den Seitenschiffen hin offen, die obere ist mit dünnen Zwischenwänden und hohen Fenstern geschlossen. Die Gewölberippen sind bereits zu schmalen Stäben verdünnt und scheinen mit tragenden Diensten nichts mehr gemein zu haben.

Der gesamte Innenraum war einst farbig gestaltet, ein Vorbild, dem man bei der Restaurierung zu folgen versuchte. Die Lübecker Marienkirche bietet deshalb ein einzigartiges Beispiel für die farbliche Fassung einer hochgotischen

Backsteinbasilika. Das warme Rot im Hochchor und der Dreiklang aus Weiß, Rot und Grün im Langhaus bringen die Logik der architektonischen Formen zur vollen Geltung und trösten ein wenig über den Verlust der einst herrlichen Ausstattung der Kirche hinweg. Von ihr sind im wesentlichen lediglich die 1337 von Hans Apengeter geschaffene Bronzetaufe, das in Erz gegossene Sakramentshaus von 1479 und der 1518 in Antwerpen gearbeitete Marienaltar in der Marientidenkapelle im Chorschluß erhalten.

St. Marien war die Kirche des Marktes und des Rates der Stadt. Daß sie zu übertreffen dem Bischof nicht gelang, ließe sich allenfalls noch verstehen. Völlig eindeutig jedoch wird die Wettbewerbssituation, wenn man die drei übrigen Pfarrkirchen betrachtet. Jede von ihnen könnte ohne weiteres mit dem Dom konkurrieren, alle drei zusammen zeigen so recht das Kräfteverhältnis zwischen Bürgerschaft und Bischof. Dieser nämlich verfügte über keinerlei Rechte in der Stadt und blieb deshalb in seinem für die Geistlichkeit ausgebauten Stadtteil isoliert. Um so ausgeprägter war bei den Bürgern das Bedürfnis, sich selbst und eigenes Vermögen zum Ausdruck zu bringen.

Bestes Beispiel dafür ist die schon 1170 genannte Petri-Kirche, die bereits zwischen 1220 und 1240 als dreischiffige Hallenkirche neu erstand. Ende des 13. Jahrhunderts erhielt die romanische Kirche ihren dreischiffigen Hallenchor und danach bis 1330 ihr aufgestocktes, gotisches Langhaus. Im 14. und 15. Jahrhundert entstanden längs der Seitenschiffe Kapellen, die im Spätmittelalter durch Ausbruch der Trennwände zu durchgehenden Schiffen angefügt wurden.

Heute präsentiert sich die 1942 völlig ausgebrannte Petri-Kirche wieder in der Reinheit ihrer hochgotischen Formen und ihrer durch Aufhebung aller Richtungsbezogenheit erreichten vollkommenen Hallenlösung. Der auf dem romanischen Westwerk der Petri-Kirche basierende Turm bietet (wenn er erst wieder bestiegen werden kann) die beste Aussicht über ganz Lübeck.

Mühelos mithalten im edlen Wettstreit können auch die beiden Stadtteil-Pfarreikirchen, die Jakobi-Kirche im Norden und die Ägidien-Kirche im Süden. Auch St. Jakobi präsentiert sich als großräumige bürgerliche Hallenkirche, die bis 1334 ihre heutige Form fand. Reste der Farbgebung aus dieser Zeit erlaubten eine Restaurierung der ursprünglichen Ausmalung. Glückliche Umstände sorgten darüber hinaus dafür, daß die hauptsächlich aus nachreformatorischer Zeit stammende Ausstattung weitgehend erhalten blieb.

Die etwas kleinere Ägidien-Kirche geht auf das frühe 13. Jahrhundert zurück, wurde Anfang des 14. Jahrhunderts zur dreischiffigen Halle nach dem Vorbild von St. Jakobi ausgebaut und erhielt Mitte des 15. Jahrhunderts ebenfalls nach

# BILDKOMMENTARE

Seite 33:
Der Lübecker Dom ziert die Südspitze der Stadtinsel. Den Grundstein für die dreischiffige Basilika legte Heinrich der Löwe im Jahre 1173. Von diesem Heinrichsdom künden heute allerdings nur noch die trutzigen Westtürme.

Seiten 34/35:
Lübecks Westansicht zeigt wenigstens noch teilweise die alten Fassadengestaltungen der Bürgerhäuser am Traveufer. Die beiden spitzen Zwillingstürme gehören zum Dom, der wuchtige Einzelturm markiert die gotische Petri-Kirche. Von ihm aus bietet sich die schönste Sicht über ganz Lübeck. Das alte Feuerschiff hat auf der Trave seinen Altersruhesitz bezogen.

Seite 36:
Das Burgtor an der Lübecker Nordspitze repräsentiert den ehemals herzoglichen Burgbezirk. Es sicherte einst den einzigen natürlichen Zugang zu Burg und Stadt.

Seite 37:
Als Lübeck 1226 das Privileg einer Freien Reichsstadt erhielt, war dies das Signal zum Bau eines repräsentativen Rathauses. Die mächtige Schildwand aus glasierten Ziegeln entstand nach einem Brand im Jahre 1251.

Seiten 38/39:
Das Wahrzeichen des «wehrhaften hansischen Lübeck» ist das Holstentor. Es diente seit dem 14. Jahrhundert der Sicherung der Ausfallstraße nach Holstein und Hamburg. Seine heutige Form erhielt das Tor 1478 durch Hinrich Helmstede. Links vom Tor schauen die Türme der Frauenkirche, rechts die der Petri-Kirche über die Bäume. Ganz rechts schließen sich alte Salzspeicher an.

Seite 40:
Während die Wehrseite des Holstentores (vorige Seite) betont abweisend gestaltet ist, zeigt sich die Stadtseite mit zwei in Blendarkaden aufgelösten Obergeschossen sehr viel freundlicher.

Seite 41:
Für viele das schönste Bauwerk Ostholsteins ist die Basilika von Altenkrempe. Die meisterhafte Schöpfung der Spätromanik entstand im Auftrag von Graf Adolf III. bis 1240.

Seiten 42/43:
Weil der Strand von Timmendorf für alt und jung so einladend ist, kommen hier auf ein eigenes zwei Gästebetten. Vor allem die Hamburger sind hier häufige Gäste.

Seite 44:
Die Begegnung zweier Bettenburgen des modernen Fremdenverkehrs kann man mit schöner Regelmäßigkeit bei Travemünde beobachten. In welcher es wohl «heimeliger» ist?

dem Vorbild von St. Jakobi ihren heutigen zweijochigen Chor. Während sich in der Ägidien-Kirche nur Reste spärlicher Gewölbemalereien aus dem 15. und 16. Jahrhundert finden ließen, konnten in der Jakobi-Kirche an den Pfeilerflächen umfangreichere Reste überlebensgroßer Heiligenfiguren aus der Zeit um 1330 aufgedeckt werden. Sie blieben unergänzt und zählen heute zu den schönsten Beispielen der wenigen, in Lübeck erhaltenen mittelalterlichen Wandmalereien.

## *Großbürgerliches Wohlbehagen*

Hatte die Macht und Größe Lübecks bereits im Bau der Marien-Kirche zum Himmel gestrebt, so kam dieses Bestreben natürlich erst recht beim Bau des Rathauses zum Tragen. Hier fanden wie dort Geist und Wille eines wohl nicht zuletzt wegen seiner Großzügigkeit erfolgreichen Bürgertums ihren adäquaten architektonischen Ausdruck.

Das Signal zum Neubau eines repräsentativen Rathauses brachte 1226 das Privileg der Freien Reichsstadt. Nun entstanden am heutigen Platz zwischen Markt und Marien-Kirche zwei parallele Trakte mit eigenem Hof dazwischen. Ihr östlicher Trakt diente als Rathaus, der westliche als Gewandhaus. Noch heute sind der Keller und Teile der Südwand dieses Baues erhalten. Nach einem Brand im Jahre 1251 wurden beide Trakte durch eine Schildwand mit seitlichen Treppentürmen und vorgesetzter zweigeschossiger Laube zu einer neuen Marktfront zusammengefaßt. Zwischen 1298 und 1308 kam gegen Süden hin das *Danzelhus* (Tanzhaus) als Festsaal dazu.

Mitte des 14. Jahrhunderts wurde noch einmal umfassend erneuert und erweitert. Nun erhielt auch die Nordseite ihre mächtige Schildwand. Rund ein Jahrhundert später glich ihr Nikolaus Peck die ältere südliche Wand an. Als spätere Zutat kam lediglich 1571 noch die Renaissancelaube (als Ersatz der gotischen) der niederländischen Steinmetzen Hans Fleminck und Herkules Midow dazu. Wo gibt es ein interessanteres Spannungsverhältnis, wo einen größeren Gegensatz als den zwischen der niederländisch geprägten Laube und der so gewaltig aufsteigenden, backsteingemauerten gotischen Schildwand?

Was aber wäre Lübeck trotz all seiner großartigen öffentlichen Gebäude ohne seine zahllosen, im Detail oft nicht weniger prächtigen Privathäuser. Zumindest eines davon, das Buddenbrook-Haus in der Mengstraße, wurde durch Thomas Mann sogar «unsterblich». Der 1875 in Lübeck als Sohn eines Großkaufmanns und Senators geborene Schriftsteller erhielt für seinen Roman *Die Buddenbrooks,* in dem Aufstieg und Niedergang eines Lübecker Patriziergeschlechtes beschrieben wird, 1929 sogar den Nobelpreis.

Zwar ohne Nobelpreis, aber kaum weniger schön sind Lübecks zahlreiche Wohngänge. Sie entstanden vor allem im 16. Jahrhundert, als die Leute von allen Seiten nach Lübeck strömten. Damals wurde es attraktiv, die großzügigen Gärten mit *Buden,* also an schmalen Gängen gereihten Häuschen zu füllen. Diese Gänge-Viertel gibt es in allen Stadtteilen. Zu den schönsten gehört sicherlich das Labyrinth zwischen Dankwarts-, Harten- und Effengrube, wo man sich geradezu in ein holländisches Fischerdorf versetzt fühlen könnte. Hier sind die Eingänge zu den kleinen Welten oft so niedrig, daß man nur gebückt hindurchkommt. Um so überraschender ist dann die dahinter nicht selten verborgene Großzügigkeit mit lichten, manchmal sogar baumbestandener Höfen.

Nicht zuletzt die Wohngänge jedenfalls beweisen, daß die Lübecker inzwischen begriffen haben, daß Altes zu sanieren ergiebiger als wahlloses Neubauen sein kann. So bleibt zu hoffen, daß sich jene Abstimmung von 1863 nie mehr wiederholt, als mit nur einer einzigen Stimme Mehrheit der Abriß des Holstentores gerade noch verhindert wurde…

# Gegensätzliches zwischen Travemünde und Puttgarden

*Strände, Strände bis zum Fehmarn-Sund*

Als Thomas Mann seine Toni Buddenbrook beim Lotsenkommandeur Schwarzkopf in Travemünde einquartierte, und sie dort ihre erste Liebe erlebte, gab es längst so etwas wie das traditionelle Bad der feinen Lübecker Gesellschaft. Immerhin schon seit 1825, also ein Dreivierteljahrhundert lang, gab es das dortige Spielcasino; Kaiser, Staatsmänner und Dichter pflegten regelmäßig zu Besuch zu kommen. Zwei Jahre vor den Buddenbrooks richtete man 1889 die erste «Travemünder Woche» aus, statt Niedergangsgefühlen gab es Exklusivität und ungebrochenen Fortschrittsglauben. Wer recht behielt, ist Geschichte – und dennoch dreht sich heute in Travemünde die Roulettekugel wieder wie eh und je.

Nur, mit der Exklusivität der vornehmen Welt ist es nicht mehr ganz soweit her. Zwar ist die Altstadt heimelig wie eh und je, doch Strand und Priwall (ein nur mit der Fähre erreichbares Stückchen Mecklenburg) sind längst wieder für Superlative gut. Kommt im Sommer der Wochenendverkehr dazu, macht die «Kur»-Promenade jedem Großstadtverkehr alle Ehre. Daß Travemünde zudem zum wichtigsten Fährhafen für den Skandinavienverkehr avancierte, mag wirtschaftlich und optisch interessant sein, zur Verkehrsberuhigung tragen die weißen Kolosse auch nicht gerade bei.

Dem Trubel heute aber noch ausweichen kann, wer von den nördlichen Ausläufern von Travemünde über das Brodtener Steilufer nach Niendorf hinüberwandert. Weil das Steilufer hier bis zu zwanzig Meter senkrecht abbricht, reicht der Blick zunächst weit über die Lübecker Bucht hinüber nach Mecklenburg, später bis hinaus nach Neustadt. Pro Jahr sorgen Brandung und Grundwasser dafür, daß rund ein Meter abbröckelt. Die daraus entstehenden Abbruchsände wandern je nach Strömung nach Süden oder Westen und tragen zur Verbreiterung der Strände in Travemünde und Timmendorf bei.

Ab Timmendorf zeigt sich auch schnell, daß die werbewirksam als Ostseebäderstraße apostrophierte Uferstraße entlang der inneren Lübecker Bucht häufig nichts anderes bietet als dreißig Kilometer langen Kolonnenverkehr zwischen Hunderten von Hotels und Pensionen. Allein in Timmendorf kommen auf ein eigenes zwei Gästebetten. Nicht umsonst nennt man Travemünde und Timmendorf deshalb auch Vororte der Hansestadt Hamburg.

Dennoch liegen auch in Timmendorf die Gegensätze nahe beieinander. Hinter einem nur etwa tausend Meter breiten Landstreifen erstreckt sich nach Süden der langgestreckte, fast fünfhundert Hektar große Hemmelsdorfer See. Er war ursprünglich eine von einer Eiszunge ausgehobelte offene Förde, die durch Verlandung langsam zum Süßwassersee wurde. Richtig allerdings ist dies nur für die Oberfläche. Noch 1872 nämlich ließ eine Sturmflut große Mengen Salzwasser in den See schwappen, das nun in seinen unteren Schichten ruht. Diese reichen immerhin auf 44 Meter unter NN – bis hinunter zum tiefsten Punkt in der Bundesrepublik. Flora und Fauna jedenfalls haben sich in dem Mischmasch aus Süß- und Salzwasser bestens eingerichtet und bieten dem Kenner allemal Interessantes genug.

Ein in Küstennähe unerwartetes Gegenstück findet sich wenige Kilometer landeinwärts auf der Höhe von Neustadt. Der immerhin stolze 94 Meter hohe Gömnitzberg bietet nicht nur eine prächtige Aussicht, sondern als Dreingabe trotz der Entfernung von der See ein Seezeichen ganz besonderer Art. Der (leider nicht besteigbare) Turm nämlich war Teil einer Peillinie hinüber zum Mecklenburger Ufer. Diese Linie trennte die «Fischereigerechtsame» für die Fischkutter Lübecks und die des Großherzogtums Oldenburg.

Auf der Höhe von Neustadt beginnt die äußere Lübecker Bucht mit ihren nicht mehr ganz so überlaufenen Stränden bis hinauf zum Fehmarn-Sund. Vor allem gibt es hier keine direkte Küstenstraße mehr. Badeorte und Campingplätze sind meist nur über Stichstraßen zu erreichen, so daß der reine Durchgangsverkehr minimal bleibt. Dank der nahen Autobahn ist dies schon in Neustadt zu spüren, dem einst wichtigsten Hafen an der Lübecker Bucht.

Auch wenn hier die Pläne der Schauenburger Grafen nicht annähernd ähnliche Früchte trugen wie in Lübeck, kann man auf die Anfänge doch stolz sein. Immerhin erhielt das nach Plänen von Graf Adolf IV. von Schauenburg angelegte *Nighestad* bereits 1244 das Stadtrecht. Bis auf den heutigen Tag sind das damals angelegte Straßenschema und die Grundstücksstruktur erhalten. Wohl erhalten ist hier auch das einzige mittelalterliche Stadttor Holsteins, das *Kremper Tor*. Beliebt bei den Fotografen, aber noch wesentlich jünger ist der dreigeschossige Kornspeicher, ein Fachwerkbau von 1830 mit abgetrepptem Walmdach.

Hinter Neustadt zieht sich die sumpfige Niederung der Kremper Au nach Norden. Sie bot noch im 12. Jahrhundert wendischen Seeräubern im Bereich des heutigen Altenkrempe einen idealen Schlupfwinkel. Als Zentrum der Christianisierung entstand hier von 1190 bis 1240 im Auftrag von Graf Adolf III. von Schauenburg mit der aus Backstein errichteten, gewölbten Kleinbasilika mit einbezogenem Westturm nicht nur eine meisterhafte Schöpfung der Spätromanik, sondern für viele das schönste und besterhaltene Bauwerk Ostholsteins.

Superlative kommen wieder zum Tragen im größten deutschen Seebad, in

Grömitz. Acht Kilometer Strand, fast vier Kilometer Promenade, eine beleuchtete Brücke in die See, alle Kur- und Fitnesseinrichtungen nach neuestem Stand, kurz alles, was des Urlaubers Herz begehren könnte, ist hier zu finden. Den Trubel dazu gibt es sogar gratis. Den krassen Gegensatz dazu gibt es in dem wenige Kilometer landeinwärts gelegenen Cismar, wo Benediktinermönche aus Lübeck im 13. Jahrhundert ein Kloster gegründet hatten. In dieses *Cicimeresthorp* sollten Mönche mit zu lockerem Lebenswandel geschickt werden. Statt zur «Sträflingskolonie» geriet Cismar jedoch zum reichen Kloster, zu dessen Besitz ab 1322 auch Grömitz gehörte. Die restaurierte Klosterkirche, ein Spätwerk staufischer Kunst, birgt heute als Altar ein um 1320 in einer Lübecker Werkstatt gefertigtes Reliquienretabel. Das Gehäuse in der Form einer fünfgiebeligen gotischen Vorhalle diente einst der Aufnahme vielfältiger Reliquien und ist mit Szenen aus dem Leben Christi und verschiedener Heiliger verziert.

## *Schweizerisches in Holstein*

Nirgends in ganz Schleswig-Holstein gibt es so viele Seen mit schönen sanften Hügeln dazwischen wie in der *Holsteinischen Schweiz*. Wo einst die Gletscher der Eiszeit zum Stehen kamen und ihre gewaltigen Schuttberge als Endmoränen abluden, füllten sich bei der Erwärmung die Vertiefungen mit Wasser. Daraus wurde eine Wasserlandschaft, die allein um Plön herum gut 42 Quadratkilometer einnimmt. Zu ihrem Namen kam diese Jahrtausende alte Welt aus Wasser und bewaldeten Hügeln vor rund hundert Jahren, zu einer Zeit also, als die vornehme Gesellschaft gerade die Schweiz als Sommerfrische entdeckt hatte. Um ein wenig am Trend zu partizipieren, behauptete der Besitzer des Hotels «Gremsmühle» schon 1867 bei der Eröffnung seines Hauses, es läge in der «Schweiz Holsteins». Offensichtlich hatte diese Werbung Erfolg, denn 1885 nannte ein anderer Hotelier am Kellersee sein Haus «Holsteinische Schweiz». Von dort wanderte der Begriff zur nahen Bahnstation und avancierte schließlich zum Namen für eine ganze Landschaft.

Daß man dem neuen Prädikat auch gerecht werden muß, erkannten einige Geschäftsleute in Eutin und Malente recht bald. Noch Ende des letzten Jahrhunderts gründeten sie eine «Motorbootgesellschaft», die Vorläuferin der heutigen «Fünf-Seen-Fahrt». Schon damals also konnte man die Schönheiten der Holsteinischen Schweiz von der Wasserseite her genießen, konnte von Gremsmühle durch den Dieksee nach Niederkleveez, über die Schwentine in den Langensee und von da in den Behlersee fahren. Über den Höftsee ging es in den Edebergsee und dort schließlich zum Umkehrpunkt an der «Fegetasche». Dort stand bis 1838 eine landesherrliche Zollstation, in der einst die Taschen leergefegt wurden.

Wo heute gemütliches Bummeln in sanfter Landschaft angesagt ist, gab es auch andere Zeiten. So hatten die Slawen auf der Insel Olsburg im Plöner See ihre befestigte Fluchtburg Plune, die ihnen 1139 zerstört wurde. 17 Jahre später nutzte Graf Adolf II. von Schauenburg den Platz wieder zur Anlage einer Burg, die er 1173 auf den heutigen Schloßberg verlegte, um näher bei dem inzwischen angesiedelten Markt- und Kirchort zu residieren. Im Dreißigjährigen Krieg wurde daraus die Residenz des Herzogtums Schleswig-Holstein-Sonderburg-Plön, dessen Landesherr, Herzog Joachim Ernst, bis 1636 das heutige dreiflügelige Schloß mit seinen zwei barocken Dachreiterlaternen errichten ließ.

Auch im benachbarten Eutin hatten sich zunächst die Slawen festgesetzt. Von der Fasaneninsel im Großen Eutiner See aus regierten sie ihren wendischen Gau Utin, bis 1143 holländische Siedler begannen, die Wasserlandschaft zu kultivieren. Anders als in Plön geschah dies jedoch nicht unter der direkten Aufsicht des Landesherrn, sondern unter der eines von ihm eingesetzten Bischofs. Der begann nach 1156 flugs mit dem Bau eines eigenen Bischofshofes und der Anlage des Marktes. Schon um 1260 besaß der Bischof (der eigentlich nach Lübeck gehörte, dort aber nicht immer gerne gesehen war) auf der in den Großen Eutiner See hineinragenden Halbinsel ein «großes steinernes Haus», das von seinen Nachfolgern systematisch zur sicheren Wasserburg ausgebaut wurde.

Daß aus Eutin schließlich das *Weimar des Nordens* werden konnte, dafür wurden nach der Reformation die Weichen gestellt. Weil die Besitzungen des Bistums in landesherrliche Hände kamen, avancierte Eutin zur Residenz der aus dem Hause Holstein-Gottorf stammenden «Fürstbischöfe von Lübeck». Sie erhielten als Ersatz für andere Ansprüche 1773 die Grafschaften Oldenburg und Delmenhorst und kamen so zu der Ehre, als einzige protestantische Bischöfe Deutschlands gleichzeitig auch Landesherren zu sein.

Die Fürstbischöfe, die sich ab 1772 Herzöge von Oldenburg nennen durften, entfalteten in Eutin ein reges Hofleben. Ihr 1722 fertiggestelltes, vierflügeliges Wohnschloß umgaben sie mit einem prächtigen barocken Park, den C. F. Hansen 1785 zum Paradebeispiel eines englischen Landschaftsgartens umwandelte. Noch Wilhelm von Humboldt, der weitgereiste Gelehrte, begeisterte sich für «die überaus schönen Partien des Schloßgartens am See und seine vorzüglich prächtig gewachsenen Bäume».

Weil die Landesherren nicht nur Sinn für eine prunkende Hofhaltung hatten, sondern sich auch für Theater, Musik, Literatur und bildende Künste interessierten, zogen sie viele bedeutende Persönlichkeiten nach Eutin. Unter anderem folgten den Einladungen der Dichter Reichsgraf Leopold von Stolberg, der Studiendirektor und Homer-Übersetzer Johann Heinrich Voß, der Hofmaler Johann Heinrich Tischbein und der Hofbaumeister Georg Greggenhofer. Als Sohn des fürstbischöflichen Kapellmeisters wurde Carl Maria von Weber 1786 in Eutin geboren.

Dank des zwanzig Jahre anhaltenden Fleißes von Johann Heinrich Tischbein, den man auch den «Dichter mit dem Pinsel» nannte, gerät heute ein Gang durch die Räume des Eutiner Schlosses zu einem Gang durch die nordeuropäische Geschichte. Tischbeins Hauptwerke sind Portraits von Angehörigen der mächtigen Fürstenhäuser, die die Politik in den brisanten Zeiten bestimmten, in denen die *Gottorffrage* die europäischen Kabinette beschäftigte. Das «Problem» dabei war die dynastische Verbindung zum Zarenhof in Petersburg. Die Zarin Katharina II. war immerhin eine Nichte des Fürstbischofs Adolf Friedrich. Sie hatte als junges Mädchen ihren Onkel in Eutin besucht und dabei den Gottorfer Herzog Karl Peter Ulrich kennengelernt, geheiratet und als Zar Peter III. nach Rußland mitgenommen. Im Streit der Gottorfer mit Dänemark um ihren Anteil an den Herzogtümern Schleswig und Holstein sorgte Katharina dafür, daß ihre Verwandten nicht zu kurz kamen. Für Herzog Peter Friedrich Ludwig übernahm sie sogar die Vormundschaft und die Erziehung. All das ist im Eutiner Schloß an der größten Portraitsammlung Norddeutschlands ablesbar.

### *Der «Knus» – ein eigener Erdteil?*

Fragt man die Insulaner von Fehmarn, dann ist ihr *Knus,* wie sie die einzige bundesrepublikanische Ostseeinsel nennen, ein eigener Erdteil, von dem aus man beim Passieren der Fehmarn-Sundbrücke nach Europa fährt. Bis 1963 mag dieser Schnack sogar noch berechtigt gewesen sein, mußte doch jeder der knapp 15 000 Einwohner bei einem Besuch des Festlandes den Sund mit einer bescheidenen Fähre überqueren. Seit der Fertigstellung der 965 Meter langen und siebzig Meter hohen Fehmarn-Sundbrücke ist es jedoch endgültig vorbei mit der Isolation.

Jetzt durchschneidet die Europastraße 4 zusammen mit der Eisenbahnlinie die vor dem «Anschluß» so einsame Insel auf zwölf Kilometer langer Strecke bis hinauf zum Fährhafen Puttgarden, von dem es gerade noch 55 Minuten Fährzeit bis hinüber nach Dänemark sind. Mit der Brücke und der werbewirksamen Bezeichnung Vogelfluglinie für die kürzeste Verbindung nach Skandinavien kamen endgültig die Touristenströme, die Fehmarn zwar zum größten Teil ähnlich wie die Zugvögel nur als Durchgangsstation nutzen, doch bleiben dem Kur- und Badebetrieb auf der Insel dennoch genügend treue Anhänger.

Ihr Zentrum haben sie in Burgtiefe, drei Kilometer vom Hauptort Burg entfernt, am wunderschönen und nach Süden ausgerichteten Sandstrand eingerichtet. Hier kann man hautnah erfahren, daß es auf Fehmarn im langjährigen Schnitt nur 511 Millimeter Niederschlag und die meisten Sonnenstunden Schleswig-Holsteins gibt.

In Burg selbst wohnt heute rund die Hälfte der Inselbevölkerung, obwohl die 185 Quadratkilometer mit ihren vierzig Dörfern reines Bauernland sind. Hier vermischten sich die wendischen Ureinwohner mit den zugewanderten Dithmarschern und pflegten neben ihren Böden vor allem ihren Stolz, freie Bauern auf eigenem Grund zu sein. Nicht umsonst verboten sie deshalb 1617 dem holsteinischen Landadel, sich auf der Insel anzusiedeln. Leibeigentum und Lehensherrschaft blieben so für die Fehmarner Bauern Fremdwörter.

Auch Burg selbst, die Hauptstadt Fehmarns, ist schon gut 750 Jahre alt. Seine St. Nikolai-Kirche stammt aus der Mitte des 13. Jahrhunderts, erhielt ihren Turm jedoch erst bis 1513. Interessant ist vor allem die mittelalterliche Ausstattung, so der dreiflügelige Hauptaltar aus dem 14. Jahrhundert, der spätgotische Blasius-Altar, die Bronzetaufe von 1391 und eine gotländische Steintaufe aus der Mitte des 13. Jahrhunderts.

Fehmarn kennenlernen, heißt aber vor allem durch das meist topfebene Bauernland zu wandern, stille verträumte Winkel in den Dörfern zu entdecken, den immerhin 26 Meter hohen Hinrichsberg zu erklimmen, in Lemkenhafen die Grütz- und Graupenmühle von 1787 zu besuchen oder in Landkirchen die St. Petri-Kirche zu besichtigen. Nicht fehlen darf natürlich auch ein Besuch beim Niobedenkmal. Es steht am Rand des Vogelschutzgebietes Grüner Brink. Dort erinnert der Mast der Niobe an das furchtbare Unglück, das sich im Sommer 1932 ereignete. Damals geriet das Segelschulschiff der deutschen Kriegsmarine mit über hundert Mann an Bord – Kadetten, Offiziere und Mannschaft – vor Fehmarn in eine Sturmböe, kenterte und riß 69 Mann der Besatzung in die Tiefe.

# Rund um die Kieler Bucht

*Herrenhäuser im Bauernland*

Der Küstenstreifen zwischen dem Fehmarn-Sund und der Kieler Förde ist durch zwei besonders markante Bauwerke begrenzt. Im Osten ist es die von allen Seiten die Blicke anziehende Fehmarn-Sundbrücke, im Westen das einem Schiffssteven nachempfundene Marine-Ehrenmal von Laboe. Das sanft gewellte und heute so säuberlich durch Knicks abgegrenzte und landschaftlich intensiv genutzte Land wurde von den Gletschern der Eiszeit gehobelt, in seinen Urwäldern hausten einst die slawischen Wagrier. Erst im 13. Jahrhundert wurde hier kolonisiert, wurden systematisch Dörfer angelegt und Kirchen gebaut.

Auf den großzügig bemessenen Gütern wuchs dank des fruchtbaren Bodens bald ein wohlhabender Bauernadel heran, dessen Spitzen sich nach und nach zu gräflichem Lehensadel aufschwangen. Allein im Bereich des nördlichen Wagriens gibt es heute noch rund dreihundert große alte Güter, und auf vielen stehen noch die repräsentativen alten Herrenhäuser, meist gebaut im 18. oder 19. Jahrhundert. Sie alle hatten einst prächtige Torhäuser, hinter denen sich links und rechts zunächst die Wirtschaftsgebäude aufreihten. Das eigentliche Herrenhaus begrenzte gegenüber dem Torhaus den nicht selten riesigen Innenhof. Auf der Rückseite des Herrenhauses begann die private Sphäre mit Gärten, Parkanlagen, Alleen und Boskettcn.

Noch heute reicht die Palette von Gut Güldenstein im Osten über das Herrenhaus Panker im Norden bis zum Gut Rastorf im Westen. Als besonders gutes Beispiel mag das Herrenhaus Panker dienen. Zwar ist es nur von außen anzusehen, weil es im Privatbesitz des Prinzen Moritz von Hessen ist, doch ist das schon um 1400 erwähnte und in seiner heutigen Form Ende des 17. Jahrhunderts errichtete Gutshaus allemal einen Besuch wert.

Das gepflegte Gelände mit hölzernen Zierbrücken, Gartentempeln und Wasserläufen in englischem Stil lädt zu Spaziergängen ein, bei denen man sich das Funktionieren eines hochherrschaftlichen Gutes sehr wohl in seiner Glanzzeit vorstellen kann. Kehrt man dann zur Stärkung in die seit 1776 bestehende *Ole Liese* ein, erfährt man eine ganz besondere Entstehungsgeschichte. Damals nämlich besaß der Hausherr auf Gut Panker, der Fürst von Hessenstein, ein Reitpferd, das er Liese nannte und über alles liebte. Als Pferd und Reitknecht in die Jahre kamen, schickte er beide in das eigens dafür hergerichtete Haus in Pension, das von Stund an eben *Ole Liese* genannt wurde.

Eines der Zentren Wagriens war schon früh die spätere Herzogstadt Oldenburg. Sie war als slawische Handelssiedlung bereits im 8. Jahrhundert an einer

Furt durch den Oldenburger Graben entstanden. Er bot damals noch freien Zugang zur Ostsee und damit ein sicheres Refugium für die Handelsschiffe und wohl auch für den einen oder anderen Seeräuber. Welche Bedeutung das wendische Stargard einst hatte, ist am besten daran abzulesen, daß schon Mitte des 10. Jahrhunderts versucht wurde, hier einen Bischofssitz einzurichten. Dies gelang zwar endgültig erst 1149, zeigt aber immerhin, daß bis dahin Oldenburg bedeutender als Lübeck war. Erst 1160 wanderte der Bischof in das aufstrebende Lübeck ab.

Von der einst glanzvollen Zeit zeugt heute noch die Stadtkirche St. Johannes, die der damalige Bischof Gerold 1156 errichten ließ. Ihr kleiner Kernbau zählt zu den ersten Backsteinkirchen Nordeuropas. Die dreischiffige, flachgedeckte Pfeilerbasilika vermittelt in ihrer Einfachheit noch ganz die damalige Pioniersituation.

Auch das zweite Siedlungszentrum im hügelreichen Nordost-Holstein war einst Kern eines Wendengaues, erhielt ab 1156 ebenfalls durch Bischof Gerold seine erste Kirche und bekam 1275 das Stadtrecht. Noch heute zeugen viele historische Gebäude im jetzigen kleinen Landstädtchen Lütjenburg von ungetrübtem Traditionsbewußtsein. Neben dem Färberhaus, dem Rathaus und dem alten Posthof ist es vor allem die heutige Backsteinkirche mit Schiff und Turm aus der Gründerzeit. Wertvollstes Stück ihrer Ausstattung ist ein Schnitzaltar von 1467, der eine figurenreiche Kreuzigung und Szenen aus der Marienlegende und Jugendgeschichte Christi zeigt.

Zwar sind Hohwachter und Kieler Bucht keineswegs mit einem durchgehenden, stets zum Baden einladenden Strand gesegnet, aufs Badevergnügen verzichten aber muß auch hier niemand. So hat sich Heiligenhafen längst vom gemütlichen Fischerort, dessen Ursprünge ebenfalls auf das 13. Jahrhundert zurückgehen, zum modernen Ferienzentrum am vier Kilometer langen Strand entwickelt. Weißenhäuser Strand rühmt sich, das Ferienzentrum ohne Hochhäuser zu sein. Dafür gibt es hier knapp 1500 Appartements... Hohwacht schließlich, das man auch Lütjenburgs Strandbad nennen könnte, hat außer Dünen (die gibt's am Weißenhäuser Strand auch) noch ein Steilufer, von dem aus man bis nach Fehmarn hinübersehen kann. Zwischen den Hotels verstecken sich sogar noch einige alte Fischerhäuser.

## *Kaiserlicher Kriegs- und Segelhafen*

Das Marine-Ehrenmal von Laboe und der Bülker Leuchtturm markieren den Beginn der 17 Kilometer tief ins Land einschneidenden Kieler Förde. Am Ende des keilförmigen Wasserarmes gründete Graf Adolf IV. von Schauenburg die *Holstenstat tom Kyle* und gab ihr 1242 das *Lübische Recht.* Wie schon in Neustadt folgte der Graf dabei dem Lübecker Schema: auf leicht zu sicherndem Gelände wurden Kirche und Markt in die Mitte gesetzt, die Straßenzüge rechtwinklig angeordnet. In Kiel bot sich als geeignetes Gelände die Halbinsel zwischen Förde und «Kleinem Kiel» an, zur Sicherung wurde an der schmalen Landbrücke genau wie in Lübeck eine gräfliche Burg angelegt.

Bei aller Ähnlichkeit der Anlagen zeigte sich jedoch von Anfang an, daß in Kiel die Bäume nicht in den Himmel wachsen sollten. Wurde Lübeck immerhin auf 107 Hektar und Neustadt noch auf 21 Hektar errichtet, wies Kiel nur 17 Hektar auf. Schließlich sollte von hier auch kein Fernhandel betrieben werden, sondern dem bäuerlichen Hinterland der Ostseehandel erhalten bleiben. Als Handelsstadt blieb Kiel denn auch stets im Schatten von Lübeck und Hamburg.

Wohl wurde Kiel zeitweilig Residenz der Schauenburger Grafen und später der Gottorfer Herzöge, die im 16. Jahrhundert die alte gräfliche Burg sogar zum Schloß ausbauten und 1665 die Universität stifteten, doch wäre aus der kleinen Residenz an der Förde kaum mehr als ein mittleres Landstädtchen geworden, hätte es da nicht eine kaiserliche Marinebegeisterung gegeben. 1865 wurde Kiel preußischer Flottenstützpunkt und sechs Jahre später gar Reichskriegshafen. Kaiser Wilhelm II. ließ den in Kiel-Holtenau in die Förde mündenden Nord-Ostseekanal bauen und eine kaiserliche Werft errichten. Alles zusammen sorgte dafür, daß Kiel zur schnell wuchernden, gesichtslosen Großstadt geriet.

Des Kaisers Vorliebe fürs Wasser hatte aber auch noch andere Folgen. So wurde der 1887 gegründete «Marine-Regatta-Verein» 1891 zum kaiserlichen Yachtclub, dessen Ehrenkommodore der Kaiser höchst persönlich wurde. Seit 1882 veranstaltete man die «Kieler Woche», auch wenn dies noch nicht unbedingt ein Segelwettbewerb nach unseren heutigen Vorstellungen war. Als man 1895 den Nord-Ostseekanal (er hieß damals noch Kaiser-Wilhelm-Kanal) einweihte, segelte der Kaiser auf eigener Yacht mit, so daß der Hofbericht vermelden konnte: «Vom 23. Juni ab schifften Seine Majestät sich zu den Regatten auf Allerhöchst Ihrer Yacht ein und hatten die Freude, mit dem *Meteor* immer als Sieger einzukommen.» Selber segeln allerdings durfte Majestät nicht – nur siegen lassen.

## Bildkommentare

Seite 57:
Bis 1963 sahen die Insulaner von Fehmarn ihre Ostseeinsel als eigenen Erdteil an. Seit der Fertigstellung der 70 Meter hohen, kühnen Bogenhängebrücke über den Fehmarnsund ist es mit dieser Vorstellung endgültig vorbei.

Seiten 58/59:
Heiligenhafen an der Westseite des Fehmarnsundes war schon in frühgeschichtlicher Zeit ein frequentierter Hafenplatz. Links unterhalb des Yachthafens steht Heiligenhafens Kirche, die ihre heutige Form im 15. Jahrhundert erhielt. Die Verlahnung Graswerder in der Bildmitte zeigt schön die Gestaltungskräfte der Meeresströmungen. Im Hintergrund leuchtet die Insel Fehmarn.

Seite 60:
Die St.-Nikolai-Kirche von Burg auf Fehmarn hat eine wertvolle, mittelalterliche Ausstattung. Die Beispiele oben stammen von der 1391 gegossenen Bronzetaufe, der Ausschnitt unten zeigt eine Szene aus dem dreiflügeligen Hauptaltar.

Seite 61:
Holsteins Boden war so ertragreich, daß dort ein wohlhabender Bauernadel heranwachsen konnte. Seine Herrenhäuser, hier das Herrenhaus Panker, zieren noch heute das alte Bauernland.

Seiten 62/63:
Zahlreiche Seen mit sanften Hügeln dazwischen bilden die «Holsteinische Schweiz». Ihr Zentrum ist das malerische Plön auf der alten Insel Olsburg. Hier hatten schon die Slawen ihre 1139 zerstörte Fluchtburg Plune. Die Schauenburger Grafen folgten ihrem Beispiel mit einer eigenen Burg, aus der nach und nach das heutige dreiflügelige Schloß wurde (rechts unten).

Seite 64:
Die Bronzetaufe von 1344 ist eines der wenigen Ausstattungsstücke, die aus der im Krieg zerstörten Kieler Nikolaikirche gerettet werden konnten.

Seite 65:
Die Thomaskirche in Schulensee bei Kiel wurde 1958 fertiggestellt. Ihr charakteristischer Turm ist längst ein Wahrzeichen modernen Kirchenbaus.

Seiten 66/67:
Die Kieler Förde ist DAS deutsche Segelrevier. Jedes Jahr treffen sich hier mehrere tausend Segler zu einem der bedeutendsten Segelwettbewerbe der Welt. Er geht zurück auf den 1887 gegründeten «Marine-Regatta-Verein», aus dem 1891 der kaiserliche Yachtclub wurde. Sein Ehrenkommodore war der Kaiser höchst persönlich. Unser heutiges Regattasegeln begann allerdings erst um 1900.

Seite 68:
Über die Hochbrücke über den Nord-Ostsee-Kanal bei Rendsburg donnert die Eisenbahn. Die luftige Schwebefähre ist leichteren Verkehrsteilnehmern vorbehalten.

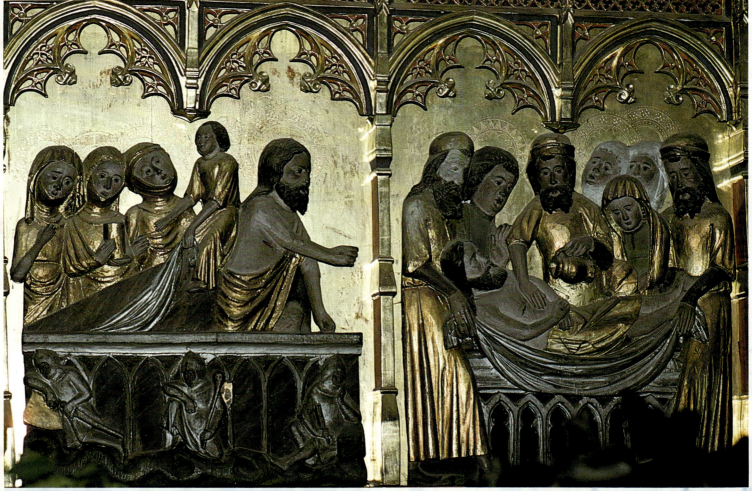

Die großen Yachten standen unter dem Kommando eines professionellen Skippers, die Arbeit erledigten angeheuerte Matrosen, die sogenannten «bezahlten Hände». Erst um 1900 begann unser heutiges Regattasegeln, für das nun die Vorschrift galt, daß die Besatzungen aus «Herrenseglern» bestehen müßten.

Vieles hat sich inzwischen noch geändert, nachdem 1936 und 1972 in der Kieler Förde die Olympischen Segelwettbewerbe stattgefunden hatten. Für die letzte Olympiade entstand das Olympiazentrum Schilksee, und wo man vor mehr als hundert Jahren das Segeln mit nicht einmal zwanzig Yachten begann, kommen heute Jahr für Jahr mehrere tausend Segler zu einer der wichtigsten Segelveranstaltungen der Welt. Der KYC ist deshalb auch mit der Zeit gegangen: seit 1929 werden sogar Damen als Mitglieder aufgenommen und seit 1946 steht das K für Kiel und nicht mehr für Kaiser...

Nach den Zerstörungen des letzten Krieges mußte Kiel weitgehend neu errichtet werden, selbst die Nikolaikirche, Kiels altes Zentrum aus der Gründerzeit, bestand nur noch aus Umfassungsmauern und Turmstumpf. Um so wertvoller sind die geretteten Teile der alten Ausstattung. Die Bronzetaufe von 1344 ist ein Werk von Johann Apengeter und gilt als Hauptwerk des monumentalen Bronzegusses in Norddeutschland. Das darüber hängende, spätgotische Triumphkreuz stammt von 1490, den geschnitzten und bemalten Flügelaltar stiftete Johann von Ahlefeld 1460. Gearbeitet hat ihn der Hamburger Maler Hans Bornemann. Den bronzenen *Geistkämpfer* vor der Nordwestecke von St. Nikolai schuf Ernst Barlach 1928.

## *Rund um Rendsburg*

Trotz aller Industrialisierung ist die schleswig-holsteinische Landeshauptstadt Kiel bisher noch gar nicht so weit in das Umland ausgeufert. In welcher Richtung man auch fährt, stets stößt man in kürzester Zeit auf landschaftliche Idylle, auf Weideland und natürlich auf Wasser. Dies ist auch in Richtung Westen nicht anders. Südlich des Nord-Ostseekanals breitet sich die weite Seen- und Wiesenlandschaft um den Westensee als Zentrum des gleichnamigen Naturparks aus, nördlich des Kanals ist der Wittensee wichtiger Teil des Naturparks Hüttener Berge. Mit 106 beziehungsweise 98 Meter Höhe ragen dort der Scheels-Berg beziehungsweise der Asch-Berg als ungewohnt stattliche Erhebungen über der platten Seenlandschaft auf. Beide Naturparks bieten eine reiche Fauna und Flora, um den Westensee herum nisten die Störche besonders gern.

Die richtige Einstimmung zur Erkundung beider Naturparks liegt wenige Kilometer südlich von Kiel, in Molfsee. Dort wurde 1961 das schleswig-holsteinische Freilichtmuseum gegründet, um all das zu erhalten, was ländliches Bauen, Wohnen und Wirtschaften in den verschiedenen Landesteilen Schleswig-Holsteins hatte entstehen lassen. Über sechzig Objekte wurden aus dem gesamten Land zusammengetragen und wiederaufgebaut, so daß sich heute in geschickter Einpassung in die Landschaft ein hervorragender Überblick in die vielfältigen Bauformen der verschiedenen schleswig-holsteinischen Landesteile ergibt. Rein zeitlich spannt sich dabei der Bogen vom ehemaligen Pfarrhaus aus Grube von 1569 bis zum Bordesholmer Haus von 1845.

Erfreulicherweise präsentiert das Museum nicht nur eine sterile Sammlung, sondern läßt die alten Handwerker arbeiten. So klappert in Molfsee der Webstuhl, dreht sich die Töpferscheibe, und läßt ein Schmied die Funken stieben. Im alten Steinbackofen gibt es regelmäßig frisches Brot, und in der alten Meierei aus Voldewraa werden immer wieder die Kessel für die eigene Käsefertigung eingeheizt. Gleich zwei Mühlen drehen sich im Wind, zum einen eine vierkantige Bockmühle von 1766, zum anderen eine Holländermühle von 1865. Daß man sich früher auch ohne Wind zu helfen wußte, zeigt die schon 1788 gebaute herzoglich-gottorfische Erbpachtmühle von Rurup, die mit einem oberschlächtigen Wasserrad arbeitet. Um das Bild der alten Zeiten möglichst lebendig werden zu lassen, hat man ein besonderes Augenmerk auf die Einrichtung der Häuser in Stuben und Küchen gelegt. So befinden sich allein über dreißig verschiedene Stubenpaneele aus allen Landesteilen in Molfsee. Wo sonst gibt es solch einen Überblick über die bäuerliche Kultur eines ganzen Landes?

Weniger bäuerlich, dafür um so wasserverbundener geht es in Rendsburg zu. Schon vor 1200 gab es hier an einem alten Übergang des Nord-Süd-Heerweges über die Eider auf einer Insel eine befestigte Wasserburg. Errichtet hatte sie der tapfere Reynold, ein Ministerialer der Schauenburger. Um diese *Reynoldesburch* entstand ein Markt mit Standrecht ab 1253. Eiderabwärts hatte die Schiffahrt Anschluß an die Nordsee, so daß sich die Stadt zügig entwickeln konnte.

Ihre strategisch bevorzugte Lage veranlaßte den dänischen König Christian III., die Stadt mit einem Erdwall zusätzlich zu schützen und Rendsburg als Hauptfestung und Waffenplatz des Landes auszubauen. Ende des 17. Jahrhunderts machte Generalmajor Scholten aus der Stadt an der oberen Eider eine regelrechte Festung nach dem Vorbild des französischen Festungsbaumeisters Vauban. Zur gleichen Zeit entstand die fächerförmig angelegte Garnisonsstadt Neuwerk auf dem Grundriß eines halben Zehnecks mit weitem, halboffenem

Paradeplatz und radial davon ausgehenden Straßen. Erst ab 1852 wurden die Befestigungswerke wieder geschleift, um für die wachsende Stadt Platz zu bekommen.

Grund des Aufschwungs war der Bau des Eiderkanals zwischen 1777 und 1784 und später der des Kaiser-Wilhelm-Kanals zwischen 1887 und 1895. Als dieser heutige Nord-Ostseekanal zwischen 1910 und 1914 erweitert wurde, entstand gleichzeitig die 42 Meter hohe und 140 Meter frei überspannende Stahlhochbrücke für die Eisenbahn. Auf der Nordseite steigt ihre Trasse in einer auf filigraner Eisenkonstruktion errichteten Schleife zum Niveau des Bahnhofs Rendsburg hinunter. Unter der Brücke sorgt eine Hängefähre für die Überbrückung des Kanals. Noch heute erinnert in Rendsburg der kopfsteingepflasterte Paradeplatz mit seiner um 1700 entstandenen repräsentativen Umbauung an militärische Glanzzeiten. Daß dabei die Bürger schon damals nicht zu kurz kamen, zeigt so manches stolze Bürgerhaus. Sogar noch von 1541 stammt die Fachwerkgiebelfassade des heutigen Gasthauses «Alter Landsknecht».

## *Kieler Sprotten aus Eckernförde*

Obwohl es zwischen Rendsburg und Eckernförde gerade 22 Kilometer Luftlinie sind, mußten die Rendsburger doch bis 1784 warten, bis sie einen Anschluß an die Ostsee erhielten. Solche Probleme kannten die Eckernförder nun natürlich nicht. Allerdings nutzten sie ihren direkten Zugang zur Ostsee weniger für den Handel als für den Fischfang. Noch heute kommen die als *Kieler Sprotten* bekannten Räucherfische keineswegs aus Kiel, sondern eben aus Eckernförde.

Wie so viele Siedlungen an der Ostsee entstand auch Eckernförde um eine befestigte Burg, die 1231 als *Ykaernaeburgh* belegt ist. Sie stand auf der schmalen Landzunge zwischen der Förde und dem Windebyer Noor im Westen. Noch heute ist in den Grundzügen die mittelalterliche Bebauung des engen Platzes am Markt mit Rathaus, der Nikolai-Kirche und den schmalen Giebelhäusern an der dichtbebauten Nikolaistraße zu erkennen.

Nicht umsonst führt Eckernförde bis heute in seinem Wappen das Eichhörnchen. *Ykaernaeburgh* heißt nämlich nichts anderes als Eichhörnchenburg, ein Name der daran erinnert, daß einst der ganze *Dänische Wohld*, also die weite Landzunge zwischen der Eckernförder Bucht und der Kieler Förde dicht mit Eichen bewachsen war. Auf ihnen konnten angeblich die Eichhörnchen von Förde zu Förde hüpfen, ohne jemals auf den Boden zu müssen.

Heute ist Eckernförde beliebt für Butterfahrten, für Anglerausflüge und für Stippvisiten mit dem Schiff nach Dänemark. Lohnend ist aber auch ein Blick in die alte Nikolai-Kirche, die als dreischiffige Backsteinhalle im 15. Jahrhundert errichtet wurde. Ihre Fresken im Chorgewölbe stammen von 1578, den prächtigen Altar schuf Hans Gudewerdt 1640. Neben der Bronzetaufe von 1588 kann man das Rantzau-Gestühl von 1578 bewundern oder an den zahlreichen Epitaphen die Stilentwicklung von der Renaissance bis zum Knorpelbarock studieren.

# Schleswig, die Schlei und die Flensburger Förde

## *Haithabu, Sliaswich und die Gottorfer Herzöge*

Zwischen Schlei und Treene, an der Schleswiger Landenge, ist die Kimbrische Halbinsel am schmalsten. Zwischen dem Westende der Schlei als Meeresbucht der Ostsee und den östlichen Ausläufern der einst von der Nordseetide abhängigen Treene-Niederungen gab es nur etwa zehn Kilometer festes Land. Diese natürliche Engstelle am Kreuzungspunkt der besten Verbindungslinie zwischen den beiden Meeren mit dem Nord-Süd-Heeresweg war über Jahrhunderte von höchster strategischer Bedeutung. Vor allem konnten hier die Dänen ihr Herrschaftsgebiet am besten nach Süden hin absichern. Ab der Mitte des 8. Jahrhunderts taten sie dies mit dem *Danewerk,* einem aufwendigen System von Wällen und Gräben, das bis ins 12. Jahrhundert hinein verfeinert und ausgebaut wurde. Die letzte Ausbaustufe entstand als Waldemarsmauer in der zweiten Hälfte des 12. Jahrhunderts. Die damals dem Wall und Graben vorgesetzte Ziegelsteinmauer ist noch heute bei der Ortschaft Dannewerk zu sehen.

An einer strategisch wichtigen Kreuzung bedeutender Handelswege gibt es außer möglichen Konflikten natürlich auch weitreichende Kontakte. Zentrum dafür war Haithabu, die «Siedlung auf der Heide». Sie lag gegenüber vom heutigen Schleswig am Haddebyer Noor und war eine Gründung der Wikinger. Auf etwa 24 Hektar hatten sie ab dem 8. Jahrhundert ihre reetgedeckten Holz- und Lehmhäuser hinter einem bis zu neun Meter hohen Befestigungswall errichtet und eine eigene Hafenanlage gebaut.

Die Wikinger waren als «Salzwasserbanditen» von Skandinavien bis Sizilien gefürchtet. Vom reichen Kloster bis zu größeren Städten versetzten sie alles in Angst und Schrecken, weil sie es nicht nur auf Geld und Gut, sondern vor allem auf die Ware Mensch abgesehen hatten. Auch ihr Haithabu diente hauptsächlich dem Menschenhandel, die Siedlung gehörte zu den größten Sklavenmärkten der damaligen Welt. In der Mitte des 10. Jahrhunderts war Haithabu größer als das damalige Köln.

Aus dieser Zeit stammt die Schilderung des maurischen Kaufmanns Al Tartuschi: *«In der großen Stadt am äußersten Rand des Weltmeeres treffen sich vor allem Seefahrer und Krieger, Piraten und Sklavenhändler. An ihren Hütten hängen Rinderschädel. Die meisten Einwohner sind Heiden, die ihren Göttern Feuer entzünden und Opfer bringen. Die Gemeinde der Christen ist nur sehr klein. Das Volk liebt eine derbe Kost aus Fisch, Schinken und Bier. Wer arm ist und seine Kinder nicht ernähren kann, wirft sie ins Meer. Der Hafen ist ein übler Platz mit lautem Treiben, Gelagen und Raufereien. Niemals hörte ich einen häßlicheren Gesang als den der*

*Leute von Haithabu. Das Brummen, das ihren Kehlen entweicht, ist wie das Bellen von Hunden, nur noch tierischer.»*

Dennoch geriet Haithabu mehr und mehr zum Welthafen, den Händler aus Skandinavien und Rußland, aus Byzanz und den arabischen Ländern ebenso besuchten wie solche aus England, Frankreich, Italien, Spanien oder Nordafrika. Erst mit der Eroberung durch Harald den Harten von Norwegen begann 1050 Haithabus Niedergang. Als 1066 die slawischen Wenden den Rest vollends zerstörten, gaben die Bewohner auf und siedelten auf dem Boden des heutigen Schleswig neu. Dies eröffnete den Archäologen ein ungestörtes Ausgraben der alten Siedlung.

Ihre Ergebnisse sind inzwischen in einem eigenen Museum zusammengefaßt, das einen hervorragenden Einblick in Lebens- und Siedlungsweise der Wikinger bietet. Neben einem aus dem Hafen von Haithabu geborgenen Wikingerschiff beeindruckt vor allem ein Runenstein, den der dänische König Svend I. Tveskaeg seinem bei *Haddeby* (Haithabu) getöteten Gefolgsmann Skarthi setzen ließ. Dieser König Svend war 986 an die Macht gekommen, hatte um 1000 die Oberherrschaft über Norwegen gewonnen und 1013 England erobert. Er hatte zudem die Grenzbefestigung Danewerk neuerlich ausbauen lassen.

Mit der Verlagerung von Haithabu begann eine kurze Blütezeit der nun *Sliaswich* genannten Siedlung. Aufbauend auf der Tradition eines internationalen Warenumschlagplatzes bildete sich rasch ein profanes und dann auch sakrales Herrschaftszentrum heraus. Die Macht übernahm eine Schwurgilde niederrheinisch-friesischer Kaufleute, die Schleswig bereits um 1200 ein kodifiziertes Stadtrecht gab. Schleswig ist damit die älteste Stadt des gesamten Ostseeraumes. Einzig das neugegründete Lübeck und die damit verbundene Verlegung des Haupthandelsweges verhinderten einen weiteren Aufschwung.

Daß der durchaus vorgesehen war, beweist nicht zuletzt der schon in der ersten Hälfte des 12. Jahrhunderts vom Schleswiger Bischof begonnene, so großzügig bemessene St. Petri-Dom. Seine Mauern wurden nicht nur aus Granitquadern und Feldsteinen, sondern sogar mit rheinischem, über See importiertem Tuffstein gebaut. Bis zum Ausgang des Mittelalters wurde aus der ersten dreischiffigen, flachgedeckten Pfeilerbasilika die heutige gotische Halle. Der riesige neugotische Turm wurde sogar erst 1894 fertiggestellt.

Als mit der Reformation alle Baumaßnahmen eingestellt wurden, wurden auch sämtliche Altäre zerstört, die Fresken, bis auf Reste im Chor, weiß übertüncht. Lediglich eine Drei-Königs-Gruppe aus der Zeit um 1300 sowie ein von Hans Brüggemann geschaffener Christophorus von 1510 überlebten. Bestehen blieb dagegen die alte, durch den gotischen Lettner erreichte Teilung in Bischofs- und Pfarrkirche. Während das Schiff Pfarrkirche blieb, wurde der Chor zur Grabkirche der Herzöge von Gottorf, die aus diesem Grunde 1666 den von Hans Brüggemann für die Bordesholmer Klosterkirche bis 1521 geschaffenen Schnitzaltar in den Chor des Domes überführen ließen. Heute ist das 16 Meter hohe Schnitzwerk mit seinen 387 Holzfiguren der eigentliche Schatz des Schleswiger Domes.

Die einstige Bedeutung Schleswigs zog aber nicht nur Bischöfe sondern auch die Herren aus dem Hause Gottorf an. Seit dem Jahre 1268 residierten sie in der früheren Bischofsburg auf der Insel im heutigen Burgsee. Von hier aus regierten die Schleswiger Herzöge und ihre schauenburgischen Erben den Südteil ihres Herzogtums. Schon im Mittelalter wurde das von ihnen ausgebaute Schloß Gottorf «Schlüssel und Wacht des ganzen Dänemark» genannt. Mitte des 17. Jahrhunderts war dann daraus das «fürnehmste Schloß und der eigentliche Sitz der Herzogen von Holstein» geworden.

Bis 1713 hatte man kontinuierlich am Ausbau der Anlage zum großzügigen Barockschloß gearbeitet, doch dann besetzte der dänische König den schleswigschen Anteil des Gottorfer Staates, ließ alles Wertvolle aus dem Schloß nach Kopenhagen bringen und quartierte einen dänischen Statthalter ein. Der unaufhaltsame Niedergang der Anlage wurde erst 1948 durch den Einzug des schleswig-holsteinischen Landesmuseums und des Landesmuseums für Vor- und Frühgeschichte gestoppt.

Heute geben wenigstens einige Räume wieder eine gute Vorstellung von der alten Glanzzeit des Schlosses. So strahlt der den ganzen Nordflügel quer durchmessende Hirschsaal mit einem Jagdfries aus halbplastischen Hirschen vor gemalten Landschaften wieder in alter Frische. Auch die beiden Staatsgemächer von Friedrich III., der Weiße und der Blaue Saal, mit ihren zwischen 1635 und 1645 entstandenen Gewölbestrukturen im Knorpelstil sind wieder hervorragend restauriert. Glanzstück und einziger mit der alten Ausstattung erhaltener Raum im Schloß ist die ab 1590 ausgestattete Kapelle. Ihr ebenfalls quer in den Nordflügel gebauter und über zwei Geschosse reichender Raum ist auf drei Seiten mit einer hölzernen Empore auf ionischen Säulen ausgekleidet. Bemalt wurde diese Galerie von Marten van Achten, die Schnitzereien lieferte Hans Kremberg. Die von 1609 bis 1613 ausgestattete herzogliche Loge, direkt über dem Altar angeordnet, enthält eine kostbare Renaissance-Vertäfelung, reich verziert mit Schnitzereien und Intarsien. Der als «Betstuhl der Herzogin» bezeichnete Raum hat damit den Charakter eines prunkvollen Wohnraumes.

## Bildkommentare

Seite 77:
Eckernförde *ist die eigentliche Heimat der als Kieler Sprotten bekannten Räucherfische. Sein Hafen ist beliebter Startplatz für Butterfahrten und Angelausflüge.*

Seite 78:
*Die über 40 Kilometer lange* Schlei *verbindet Schleswig mit dem offenen Meer. Mit ihren see-ähnlichen Ausbuchtungen bietet sie den Aalen ein ideales Revier.*

Seite 79:
*In* Damp 2000 *sollte die ideale Feriensiedlung aus der Retorte Wirklichkeit werden. Ob Segelhafen, Bettensilo und ein paar Geschäfte dafür allerdings ausreichen?*

Seite 80:
*Ein kleines Juwel ist die* Söruper *Kirche. Ihre Knorpelbarockkanzel (oben) entstand 1663, die gotländische Steintaufe (links unten) im frühen 13. Jahrhundert. Das viersäulige Portal ist ein Nachfolger der Peterstür am Schleswiger Dom.*

Seite 81:
*Der Schleswiger* Dom *wurde in der ersten Hälfte des 12. Jahrhunderts begonnen, gebaut wurde bis zum Ausgang des Mittelalters. Der riesige Turm wurde sogar erst 1894 fertiggestellt.*

Seiten 82/83:
*Die kleinste Stadt Schleswig-Holsteins liegt kurz vor der Mündung der Schlei, heißt* Arnis *und hat gerade 600 Einwohner. Gegründet wurde Arnis 1667 von 62 Familien, die aus Angst vor drohender Leibeigenschaft aus dem nahen Kappeln flüchteten. Ihre Fachwerkhäuser zieren noch heute die einzige Straße.*

Seite 84:
*Das Schleswiger Land ist reich an Kunstschätzen aus allen Zeiten. Die Beispiele zeigen oben den Cordula-Schrein und seinen Runenstein aus dem Museum* Haithabu, *unten links den Marienaltar in* Eckernförde *und unten rechts ein Detail vom Bordesholmer Altar in Schleswig.*

Seite 85:
Schloß *Glücksburg ist nicht nur ein Hauptwerk der Norddeutschen Renaissance, sondern auch das Stammhaus der Herzöge von Schleswig-Holstein und damit der Königshäuser von Dänemark, Norwegen und Griechenland.*

Seiten 86/87:
Flensburg *war zu allen Zeiten eine Handelsstadt. Zunächst brachten die Holländer den Wohlstand, später der Rum. Noch heute stammt jede zweite in Deutschland verkaufte Flasche Rum aus Flensburger «Rumfabriken».*

Seite 88:
*Die Geltinger Schöpfmühle* Charlotte *schöpft zwar auch schon lange kein Wasser mehr, ist aber immer noch eine besonders schöne Vertreterin ihrer Art.*

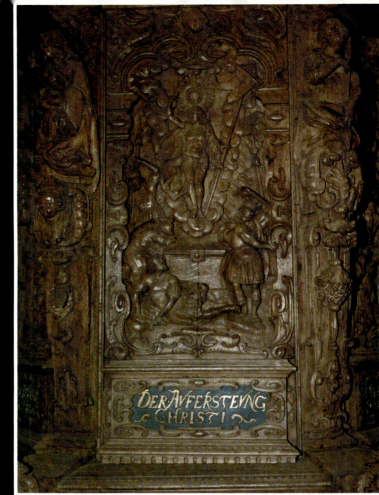

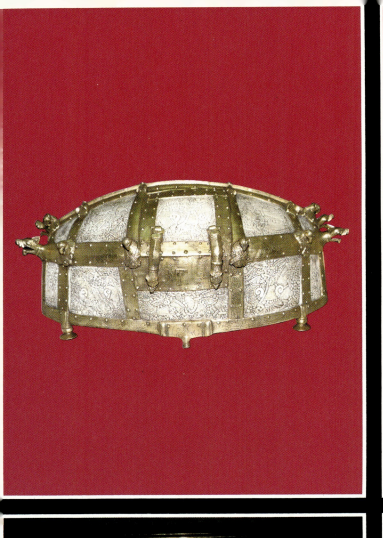

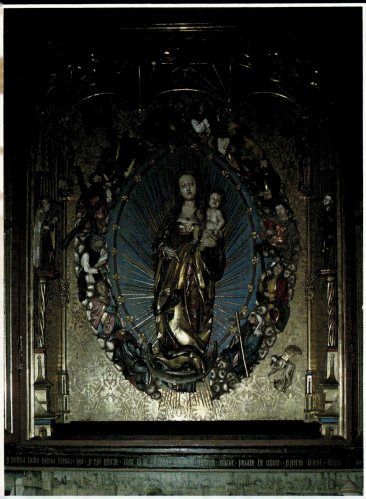

*Idylle für Maler und Träumer*

Keine Stadt Schleswig-Holsteins liegt so mitten im Land und dennoch am offenen Wasser wie Schleswig. Zu verdanken ist das der Schlei, die anders als die trichterförmig ins Festland einschneidenden Förden eher an einen Fluß erinnert, in dessen Verlauf Seen wie Perlen an einer Schnur aufgereiht sind. Geformt wurde diese in ganz Schleswig-Holstein einmalige Wasserlandschaft in der letzten Eiszeit, als sich unter der noch geschlossenen Eisdecke ein Schmelzwassertal Bahn brach.

Im Lauf der Jahrhunderte verschloß die Natur selbst die ursprünglich breite Öffnung zur See durch Strandwallbildungen. Die so entstandene Nehrung wurde dann für Schiffahrtsrinnen immer wieder durchstoßen. Die schmale Fahrrinne zum offenen Meer und die Länge von über vierzig Kilometer, die die Schlei ins Land hineinreicht, sorgen zusammen dafür, daß sich an beiden Ufern immer wieder eine hochinteressante Vegetation ansiedeln konnte. Das Gewässer steht deshalb heute auf seiner ganzen Länge unter Landschaftsschutz.

Zwar kann man die Schlei bei Kappeln und bei Lindau auf Brücken überqueren, eine durchgehende Uferstraße aber gibt es nicht. Wer die Schlei dennoch gerne richtig kennenlernen möchte, der muß dafür aufs Schiff. Zur Belohnung zeigt die Schlei einige ihrer vielen Gesichter, gleicht hier einem großen See, schlängelt sich dort wie ein Fluß durch die Wiesen, zeigt sich am Morgen sonnenhell und am Nachmittag urplötzlich drohend dunkel. An den Ufern locken winzige Orte mit reetgedeckten Häusern, bunten Gärten und kleinen Kirchen. «Große» Orte wie Arnis, Kappeln oder Maasholm sind die absolute Ausnahme. Wer die Stille sucht und den Malern über die Achsel schauen möchte – hier kann er sein Glück finden.

Hauptort an der äußeren Schlei war von Anfang an Kappeln, das seinen Namen einer dem Hl. Nikolaus, dem Schutzpatron der Fischer, geweihten Kapelle verdankt. Schon im 15. Jahrhundert gab es hier die Heringszäune, die erst ausgedient hatten, als der Hering endgültig abgewandert und deshalb zur Delikatesse avanciert war.

In Kappeln war man seit jeher der Grundherrschaft des Bischofs und des Domkapitels in Schleswig untertan. Als die Grundherrschaft jedoch 1533 an einen benachbarten Gutsbesitzer überging, und der versuchte, die Bewohner von Kappeln zu Leibeigenen zu machen, zogen 1667 gleich 62 Familien aus Kappeln aus und hinüber ins wenige Kilometer entfernte Arnis. Ihre damals gebauten kleinen Fachwerkhäuser zieren noch heute die einzige Straße. Die sechshundert Einwohner können stolz darauf verweisen, die kleinste Stadt Schleswig-Holsteins zu repräsentieren.

Völlig ins Wasser hinausgebaut scheint schließlich das kleine Fischerdorf Maasholm zu sein. Dort ist es noch gar nicht solange her, daß man die Siedlung nur mit dem Schiff oder über einen kaum befestigten Trampelpfad erreichen konnte. Deshalb dürfen die Touristenautos noch heute nicht nach Maasholm hinein.

Südlich der Schlei dehnt sich die Halbinsel Schwansen bis hinüber zur Eckernförder Bucht. Auf ihr haben die Bauern das Sagen, an ihrem Seeufer die Touristikleute. Campingplatz reiht sich hier an Campingplatz, und selbst das Ferienzentrum der Zukunft gibt es bereits. Es wurde vom Reißbrett weg auf die grüne Wiese gesetzt, heißt Damp 2000 und erfüllt vom Ferienhaus bis zum Hochhausappartement jeden Wohn- und von der Morgengymnastik bis zum Tanzturnier jeden Sportwunsch.

Das Land nördlich der Schlei heißt bis hinauf zur Flensburger Förde Angeln, weil hier die zu Hause waren, die zusammen mit den Sachsen im 5. Jahrhundert nach Britannien zogen und ihm den Namen England gaben. Die seßhaften Angeln blieben bis heute und machten aus ihrem sanft hügeligen Land eine Bilderbuch-Bauernlandschaft. Hier sind die Züchter zu Hause, die dem dunkelroten Rind und dem schwarzweißen Sattelschwein zu Weltruf verholfen haben.

Nicht minder international bekannt ist ein anderes «Produkt» des Landes. Es wurde 1587 im Auftrag von Herzog Johann von Sonderburg fertiggestellt, hört auf den Namen Glücksburg und gehört zu den Hauptwerken norddeutscher Renaissance. Mit seinen 22 Kindern machte der Herzog dem Namen seiner Burg alle Ehre, sich selbst machte er zum Stammesvater des herzoglichen Hauses Schleswig-Holstein und damit letztlich auch der Königshäuser Dänemark, Norwegen und Griechenland.

Der Landschaft angemessen, errichtete der Herzog jedoch kein Schloß, sondern eher ein besseres Herrenhaus aus drei gleichartigen, zu einem Block zusammengefaßten Giebelhäusern mit vier dicken, achteckigen und spitzbehelmten Türmen an den Ecken. Die Mitte markiert ein zierliches Barocktürmchen, das aber erst 1768 als Ersatz für einen vom Blitz zerstörten Renaissanceturm eingebaut wurde.

Im Innern folgt die Einteilung der Grundform der drei Paralleltrakte. Der mittlere Trakt enthält die Säle, die seitlichen und die Ecktürme die Wohnräume. Die barocke Einrichtung der Kapelle erfolgte 1717 mit einem Altar und einer Taufe im Knorpelstil, beides geschaffen vom Flensburger Schnitzer Claus Gabriel. Ursprünglich war die Kapelle mit Fresken bemalt, Reste davon konnten bei der Restaurierung 1973 freigelegt werden. Besterhaltenes Detail ist die *Heilung des blinden Tobias,* die um 1560 entstandene Arbeit eines niederländischen Meisters.

Kostbarste Teile der heutigen Ausstattung sind eine um 1700 gearbeitete Gobelinfolge mit Szenen aus Ovids *Metamorphosen*. Die Fabelbilder des römischen Dichters sind hier in weite Landschaften gelegt, in denen höfisch-barock gekleidete Gestalten die Szenen darstellen. Eine zweite Gobelinfolge zeigt Menschen auf dem Markt, beim Tanz und bei der Arbeit. Jagd- und Reiterszenen sind die Motive auf den aus der zweiten Hälfte des 17. Jahrhunderts stammenden und ursprünglich in Schloß Gottorf eingebauten Ledertapeten.

Das Schloß und die mit ihm verbundene Hofhaltung sorgten dafür, daß sich am Rande des Schloßteiches eine Ortschaft entwickelte. Inzwischen hat das ursprüngliche Anhängsel das Schloß selbst längst überflügelt und als Sehenswürdigkeit vereinnahmt. Wichtigeres Anliegen von Glücksburg allerdings ist es, Ostseebad zu sein und mit allen Kur-Einrichtungen dienen zu können.

## *Der Ruhm durch den Rum*

Als Fischer irgendwann im 12. Jahrhundert am Ende der gut vierzig Kilometer tief eingeschnittenen Flensburger Förde ihr *Flensaaburgh* gründeten, war es noch ein langer Weg, bis die ersten Rumfässer aus Westindien in die Flensburger Keller gerollt werden konnten. Zunächst einmal begnügten sich die Fischer damit, um 1200 am südöstlichsten Zipfel der Förde eine kleine Feldsteinkirche zu errichten und sie dem Hl. Johannes zu weihen. Im Kern ist diese älteste Flensburger Kirche noch in der heutigen Johanniskirche enthalten. Sie beweist gleichzeitig augenfällig, daß die Förde damals ein gutes Stück weiter landeinwärts reichte.

Gegen Ende des 12. Jahrhunderts waren es die Dänen, deren König Knud IV. auf der Westseite der Förde und ein ganzes Stück weiter nördlich im Bereich des heutigen Nordermarktes eine auf den Seehandel ausgerichtete Kaufmannssiedlung gründete. Als Kirche entstand dazu St. Marien, die ab 1284 neu errichtet und 1445 in der heutigen Form geweiht wurde.

Weil aller guten Dinge drei sind, entstand an der Flensburger Förde noch ein dritter Siedlungskern. Er gruppierte sich ebenfalls um eine Kirche, die dem Hl. Nikolaus geweiht wurde, und um den heutigen Südermarkt. Zwischen beiden

Märkten gab es eine Thingstätte und ein gemeinsames Rathaus, in dem jedoch zwei Bürgermeister ihres Amtes walteten. Erst 1883 wurde dieses 1445 errichtete Rathaus abgerissen.

Die beiden Siedlungskerne auf der Westseite der Förde wuchsen nach und nach über die heutige Große Straße und den Holm zusammen. Stadtrecht jedoch erhielt der Nordermarkt 1284. Mitte des 16. Jahrhunderts schließlich reichte Flensburg bereits vom Nordertor bis hinunter zur Angelburger Straße.

Weil es die Durchgangsstraße am Westufer der Förde noch nicht gab (sie entstand erst Ende des vorigen Jahrhunderts), war über Jahrhunderte hinweg das Rückgrat der Stadt die gut 1,5 Kilometer lange Straße zwischen St. Nikolai im Süden und dem Nordertor. An ihr reihten sich die Hofgrundstücke auf beiden Seiten wie Fischgräten. Auf der schmaleren Hangseite hatten die Handwerker ihre Anwesen, auf der Fördeseite machten sich die Kaufleute mit ihren Speichern und Wirtschaftsgebäuden breit. Sie konnten ihre Waren direkt von den am Ufer ankernden Schiffen beziehen.

Schon zur damaligen Blütezeit des Handels kristallisierte sich ein «Nord-Süd-Gefälle» heraus, das bis heute erhalten ist: im Süden, am Holm, gab es breitere Parzellen und größere Hausgrundrisse als im Norden, wo eine weniger großzügige Bebauung auf wesentlich kleineren Grundstücken vorherrschte. Vor allem nördlich von St. Marien ist das Gemisch von kleinen Geschäften, Werkstätten und Wohnungen trotz mancher Sanierungsversuche beinahe noch in mittelalterlicher Form erhalten.

Während Flensburgs erste Blütezeit vor allem den Holländern zu verdanken war, die ihren Fernhandel zwischen dem Niederrhein und Skandinavien unter Umgehung des hanseatischen Lübecks über die Stadt an der Förde abwickelten, schuf sich die Stadt ihre zweite Blüte im 18. Jahrhundert aus eigener Kraft. Man schrieb das Jahr 1755, als die *Neptunus* die erste Schiffsladung Rumfässer aus Westindien brachte und damit einen völlig neuen Wirtschaftszweig eröffnete. 1803 gab es bereits über zweihundert in Flensburg beheimatete Schiffe, die zum großen Teil die dänischen Karibikinseln anliefen. Zu Hause wurde der karibische Rohstoff zu Rum verschnitten, also so gemischt, daß er deutschen Kehlen schmeckte. Von knapp 200 Firmen, die sich in den Hinterhöfen ihrer Backsteinhäuser diesem Geschäft widmeten, sind heute zwar nur noch ganz wenige geblieben, doch stammt immer noch jede zweite in Deutschland verkaufte Flasche Rum aus Flensburger «Rumfabriken».

# Die Königin der Nordseeinseln

## *Inselgeburt mit Hindernissen*

Fast in der Mitte der Inseln und Inselchen, welche an der Westküste des Herzogthums Schleswig liegen, doch unter diesen am weitesten von dem Ufer des Festlandes entfernt, erhebt sich aus dem Meer ein Land, das ehemals von beträchtlichem Umfang unter dem Namen Silendi (Seeland), auch als Nordwestharde, unter dem Theile des alten Nordfriesland bekannt war, jetzt aber, nachdem die stürmische Nordsee seit Jahrhunderten an dessen Verminderung gearbeitet hat, in der Erdbeschreibung als das bescheidene Ländchen Sylt auftritt. Ohne Zweifel ist der Name Sylt oder Silt eine Abkürzung oder Zusammenziehung von Silendi. Die Heringsfischerei der Sylter im Alterthume wird nicht zum Name der Insel Veranlassung gegeben haben, wenngleich das Wappen einen Hering enthält und dieser Fisch im Dänischen Sild genannt wird.

Als der Keitumer Küster und Schulmeister Christian Peter Hansen 1845 diese Zeilen in seiner Chronik von Sylt schrieb, hatte die Insel bereits weitgehend ihre heutige Form. Lediglich die Westküste war noch etwa 200 Meter ins Meer vorgeschoben, die 38 Kilometer lange Insel also noch etwas «dicker». Auch heute noch geht die Abmagerungskur trotz aller technischer Verbauungsversuche Jahr für Jahr um etwa 1,5 Meter weiter. Stetig allerdings war dieser Vorgang keineswegs, auch hatte Sylt keineswegs immer die gleiche Form wie heute.

Als vor knapp fünftausend Jahren die ersten Sylter ihre Hütten bauten, sah die Insel noch völlig anders aus. Ihre Westküste reichte wesentlich weiter ins Meer hinaus, und auf der Festlandseite dehnten sich weite Wattwiesen als fette Weiden für die ersten Viehzüchter. Daneben war Sylt schon damals Stützpunkt für die Küstenschiffahrt zwischen Holland und Skandinavien. Kunde aus dieser Zeit geben die zahlreichen steinzeitlichen Grabhügel, von denen auf der heutigen Restinsel immerhin noch 47 nachweisbar sind. Der berühmteste ist der Sylter *Denghoog* mit seiner 15 Quadratmeter großen Kammer aus zwölf großen Krag- und drei riesigen Decksteinen. Die Funde aus dem um 2200 vor Christus errichteten Grab sind heute im Keitumer Heimatmuseum ausgestellt.

Zwischen Steinzeit und Nachrömerzeit war Sylt stets besiedelt, aus allen Zeiten gibt es Gräberfunde, jedoch praktisch keine schriftlichen Zeugnisse. Aus der Zeit um Christi Geburt gibt es dafür die Tinnum-Burg südöstlich von Westerland. Die Ringwallanlage diente als Fluchtburg und wurde sogar im 10. Jahrhundert noch benutzt.

Neues Leben zog auf Sylt ein, als um 860 die Friesen aus den Mündungsgebieten von Rhein und Weser die *Uthlande* als neue Heimat bezogen. Weil sie als

Untertanen des dänischen Königs ihre Abgaben unmittelbar nach Kopenhagen zu entrichten hatten, nannte man sie von Anfang an die Königsfriesen. Sie waren denn auch die ersten, die ihre Höfe auf Warften bauten, um Fluten sicherer überleben zu können.

Als *Silt* taucht die Insel dann erstmals 1141 in einem Brief von König Erik III. auf, 1231 ist endgültig belegt, daß Sylt zu Dänemark gehörte, denn damals ließ sich der dänische König Waldemar II. sein Jagdrecht auf der gesamten Insel festschreiben. Über dieses uneingeschränkte Jagdrecht ihres Landesherrn beschwerten sich die Inselfriesen ebenso heftig wie über die offensichtlich recht hohen Abgaben.

All das aber war vergessen, als 1362 die als *Mandränke* in die Geschichte eingegangene, riesige Sturmflut über Sylt hereinbrach. Sie riß tiefe Breschen in das Marsch- und Geestland und nahm dem Land im Westen einen bis zu dreißig Kilometer breiten Streifen. Damals ging auch das sagenumwobene, von Detlev von Liliencron besungene *Rungholt* unter. Auf Sylt versanken die Orte Weningstadt, Listum und Eidum samt ihren Bewohnern in den Fluten. Auf der West- wie auf der Ostseite wurden umfangreiche Landflächen ebenfalls endgültig weggerissen.

250 Jahre später, am 11. Oktober 1634, verlangte erneut eine riesige Sturmflut ihren Tribut. Die *Burchardi*-Flut forderte an der schleswig-holsteinischen Westküste über 6000 Tote, über 50000 Stück Vieh ertranken und 1393 Häuser wurden völlig zerstört. Sylt selbst verlor noch einmal ein Drittel seiner Fläche. Übrig blieb in etwa die heutige Form mit ihren Geestkernen in der Mitte und den nach Nord und Süd ausgestreckten Nehrungen.

Geest ist nichts anderes als das von der letzten Eiszeit übriggebliebene Geschiebe aus Sanden, Tonen und Steinen. Um diesen vor etwa 180000 Jahren entstandenen kargen, aber festen Grund wuchs nach und nach die Marsch an, ursprünglich nichts anderes als aufgeschwemmter Meeresschlamm, dessen Salzgehalt vom Regen ausgeschwemmt wurde. Vor allem von diesem fruchtbaren Boden lebten die Sylter. Ihre Frauen betreuten das Vieh, während ihre Männer auf See ihr Glück versuchten.

Sylts dritte Komponente, die weiten Dünenlandschaften im Norden und Süden, mit ihren bis heute nur mühsam gebändigten Sandmassen, blieben bis ins letzte Jahrhundert hinein nahezu ungenutzt. Die Entdeckung ihrer Schönheit als «Wellen des Windes» blieb unserer Zeit vorbehalten. Keine eigene Komponente im Landschaftsaufbau, wohl aber in der Vegetation ist die Sylter Heide. Weite Geestflächen sind so karg, daß sie landwirtschaftlich nicht genutzt werden konnten. Im Heidetal zwischen Kampen und Barderup etwa blüht im Juni die Arnika so dicht, daß man das Tal mit einem orange leuchtenden See verwechseln könnte. Die den ganzen Sommer über blühende Erika verwandelt selbst noch die kargsten Flecken in leuchtende Blüteninseln.

Alle Schönheit allein aber konnte den Syltern nicht aus ihrem oft sehr kargen Leben helfen, wo Reetdächer noch nicht als Luxusartikel, sondern aus schierer Notwendigkeit gebaut wurden, und man im Winter nicht selten kaum mehr zum Heizen hatte als getrocknetes Heidekraut. Daß all das wenig mehr als hundert Jahre her ist, ahnen die heutigen Syltbesucher kaum, wenn sie in den Trubel von Westerland und in das ewige Spiel von Sehen und Gesehenwerden eintauchen.

## *Badegroßstadt mit Vergangenheit*

*Die Sylter sehen es im allgemeinen als ein zweifelhaftes Glück an, wenn ihre Insel als Badeort einst berühmt würde, sie sind ein arbeitsames, sparsames, genügsames, sittlich ernstlich und wohlhabendes Völkchen, das durchaus nicht einer solchen neuen Nahrungsquelle, als wofür man an vielen Orten ein stark besuchtes Bad hält, zur Hebung seines Wohlstandes bedarf, sich daher auch durchaus nicht nach einem Unbekannten, vielleicht die Sittlichkeit der Einwohner untergrabenden Erwerbs sehnt.* Ob der brave Christian Peter Hansen schon 1845 geahnt hat, was in den kommenden Jahrzehnten auf Sylt zukam und noch heute zukommt? In seinen friesischen Landsleuten jedenfalls sollte er sich gewaltig getäuscht haben.

Nur ganze zwölf Jahre nämlich dauerte es, bis am 29. September 1857 der Altonaer Arzt Dr. Gustav Ross im Rahmen einer Festrede zur Grundsteinlegung der Dünenhalle in Westerland die Zukunft beschwor: «Ein großartiges Meer, ein Strand, meilenweit ausgebreitet wie der köstlichste Sandteppich, die phantastische Dünenwelt, endlich die Tugenden solcher Bewohner, das ist eine seltene Vereinigung von Vorzügen. Tausende werden Eure gastliche Insel besuchen und mit neuer Kraft, freudigen Mutes und dankerfüllten Herzens wieder von dannen ziehen.» Damit war Wirklichkeit geworden, was der Romancier Theodor Mügge bereits 1851 in seinem Roman *Der Vogt von Sylt* gefordert hatte: «Legt Seebäder an, und Eure Möwen und Seeschwalben werden goldene Flügel bekommen.»

Natürlich glaubten die Sylter und allen voran die Westerländer mehr dem Romancier und dem Arzt als dem Küster und Schulmeister. Zum «Segen der

## Bildkommentare

Seite 97:
*Emil Hansen hieß der Maler, der sich nach seinem Geburtsort im nahen Nordschleswig Emil Nolde nannte und sich bis 1928 nach eigenem Entwurf in Seebüll sein Atelier errichtete.*

Seite 98:
*Das Land der Köge in Nordfriesland ist ein Land starker Farbgegensätze. Der Niebüller Kirchwinkel mit dem malerischen Friedhofstor hält es dagegen eher mit den gedämpften Tönen.*

Seite 99:
*Das bis zu 25 Meter hohe Rote Kliff auf der Westseite von Sylt verdankt seine Farbe dem im Geschiebelehm enthaltenen Eisen. Jahr für Jahr verschlingt die See rund einen Meter vom Kliff.*

Seite 100:
*Das kleine Kirchlein von Enge südlich der Rantzauhöhe birgt eine originelle Deckenmalerei. Zwischen pflügenden Bauern vergnügt sich ein Unkraut säender Teufel. Die figürlichen Details stammen vom Altar in Enge.*

Seite 101:
*Auch Sylter Kirchen bergen kunstvolle Altäre. Der obere findet sich in St. Severin in Keitum, der untere in St. Nils in Westerland.*

Seiten 102/103:
*Im Norden besteht Sylt nur aus Sand, mit dem Wind und Wellen ihr Spiel nahezu uneingeschränkt treiben können. Das Ergebnis sind die Lister Dünen, die mit ihren Heidetälern und bis zu 35 Meter hohen Flugsanddünen an der gesamten Nordseeküste einmalig sind. Die wanderfreudigsten Dünen ziehen Jahr für Jahr etwa sechs Meter nach Osten.*

Seiten 104/105:
*Nirgends ist die Tierwelt so gefährdet wie an den Küsten der Nordsee und im Wattenmeer. Noch leuchten zwar hie und da die Seesterne (links oben) und die Nesselquallen (links unten). Die Austernfischer (rechts oben) scheinen sich genauso unbekümmert des Lebens zu freuen wie der Seehund. Wie gefährdet das alles aber ist, hat 1988 das Menetekel der Seehundtragödie drastisch bewiesen.*

Seite 106:
*Daß Sylt uralter Siedlungsboden ist, beweisen die zahlreichen Hügelgräber aus prähistorischer Zeit (oben). Das Morsum-Kliff ist die dem Watt zugewandte Sylter Geestkante (unten).*

Seite 107:
*Hörnum-Odde ist die Südspitze von Sylt. Von hier aus konnte man noch bis 1634 trockenen Fußes nach Amrum hinüber wandern (oben). Westerlands Kurpromenade bietet Proszeniumplätze im Naturtheater Nordsee (unten).*

Seite 108:
*Abende an der See können süchtig machen.*

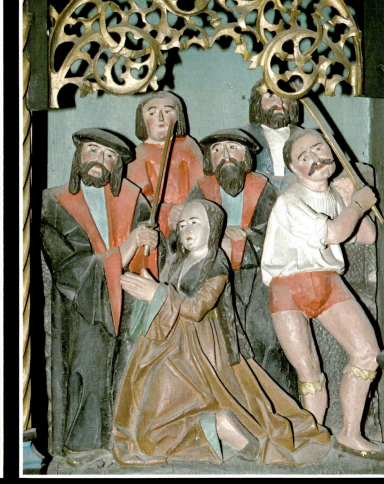

Commüne» gründeten sie eine Bade-AG, die sich um den Fremdenverkehr kümmern sollte, und schon 1857 wurde mit dem «Dünental» das erste Hotel in Westerland eröffnet. Schwierigkeiten machte allerdings noch der königliche Hof in Kopenhagen, den die Bade-AG mit der *allerunterthänigsten Bitte von 33 Interessenten des Kirchspiels Westerland und Dorfs Tinnum an den Allerdurchlauchtigsten Allergroßmächtigsten Allergnädigsten Erbkönig und Herrn* um eine Badekonzession angehen mußte. Kopenhagen konnte sich dazu solange nicht entschließen, bis die Herzogtümer Schleswig und Holstein und damit auch Sylt zum Königreich Preußen kamen. Nun stand dem Badebetrieb endgültig nichts mehr im Wege. Bis 1908 schwoll der Strom der Gäste bereits auf über 25 000 Besucher Westerlands an. Sie alle mußten allerdings noch mit dem Schiff bis Munkmarsch und ab da mit der Inselbahn über die Heide nach Westerland fahren.

Wie das umständliche Verfahren zu vereinfachen sei, überlegte sich der Niebüller Stationsvorsteher Abraham schon 1908 und wurde dafür von der Berliner Reichsbahndirektion ausdrücklich gelobt. Schon fünf Jahre später war der Dammbau von Niebüll nach Sylt beschlossene Sache. Lediglich der Erste Weltkrieg verschob den ersten Spatenstich bis 1923. Nur vier Jahre später, am 1. Juni 1927, konnte Reichspräsident Hindenburg den nach ihm benannten, 11,2 Kilometer langen Damm durchs Watt einweihen. Daß über ihn heute an einem einzigen Tag viele Tausend Autos per Autozug auf die Insel kommen und sie mit ihren Problemen überschwemmen, erinnert zwar an den Zauberlehrling, doch an den dachte bei der Einweihung sicher noch niemand.

Zunächst jedenfalls war mit der Fertigstellung des Dammes gleichzeitig auch der Damm gebrochen: Neuzeit und Gästeboom konnten Hand in Hand Einzug halten. Von Hamburg aus brauchte man nur noch knapp vier Stunden mit der Bahn, die Lufthansa nahm die Insel in ihren Flugplan auf, und die «vornehme Welt» entdeckte sie endgültig als Modeinsel.

Kaum war der Krieg vorbei, brach auch auf Sylt das Wirtschaftswunder aus. Nur ein Jahr nach der Währungsreform wurde die Spielbank eröffnet, zwei Jahre später die Promenade erweitert und noch einmal zwei Jahre später eine Liegehalle gebaut. Und dann hörte das mit dem Bauen überhaupt nicht mehr auf. Geld mit der schönen Landschaft konnte man schließlich nur verdienen, wenn man Wohnraum bereitstellte, und der mußte dann mit viel Werbung wieder gefüllt werden – ein Teufelskreis ohne Ende.

Höhepunkt war Anfang der siebziger Jahre schließlich das Projekt *Atlantis*, ein über hundert Meter hoher Wohnturm direkt an der Strandpromenade. Erst in letzter Minute sorgten Bürgerproteste dafür, daß die Kieler Landesregierung die bereits erteilte Baugenehmigung aufhob und zur Sicherheit gleich mitbestimmte, daß Westerland seine Baugenehmigungen nicht mehr selbst erteilen darf. All das aber konnte den Massentourismus nicht verhindern, der Sylt in jeder Saison von neuem stärker überschwemmt.

## *Inselsehenswürdigkeiten mit Hintergrund*

Die allermeisten Besucher Sylts kommen mit der Bahn über den Hindenburgdamm und landen damit auf dem Ostzipfel der Insel. Erster Inselbahnhof ist Morsum mit dem ältesten Kirchlein Sylts und mit seinem berühmten Kliff gegen das nördliche Wattenmeer. Es ist nichts anderes als eine von den Gletschern der Eiszeit bearbeitete, rund zwanzig Millionen Jahre alte «obere Tertiärformation». Weil das Kliff an der ruhigen Wattseite liegt, hat es sich in der Vergangenheit kaum verändert und beeindruckt nach wie vor als selten schöne, unmittelbar aus dem Watt aufragende Geestkante.

Von der Oberkante des Kliffs schließt sich inseleinwärts die Morsumer Heide mit ihrer atlantisch geprägten Pflanzendecke an. Zwar herrscht hier vor allem die Erika vor, doch finden sich weiter südlich in moorigeren und mit Marschboden durchsetzten Bereichen mit besseren Wachstumsbedingungen auch höhere Heidepflanzen oder gar Raritäten wie etwa der Lungenenzian oder die Ährenlilie.

Das wohl schönste Dorf auf Sylt ist mit seinen eingeschossigen friesischen Langhäusern aus weißverfugten Backsteinen und reetgedeckten Dächern das alte Kapitänsdorf Keitum. Zahlreiche kleine Kunsthandwerkerbetriebe – vom Goldschmied über den Töpfer und Weber bis zum Maler – haben hier die ihnen angemessene Umgebung gefunden. Das Heimatmuseum der Friesen und das *Altfriesische Haus* fügen sich in dieser Landschaft ganz natürlich ein.

Das eigentliche Kleinod Keitums aber ist seine im Westen auf einer Anhöhe thronende St. Severinskirche. Sie entstand im frühen 13. Jahrhundert als einschiffiger Bau mit eingezogenem Chor. Ihr stimmungsvolles Inneres, das nicht umsonst schon so manche Prominenten-Hochzeit anlockte, enthält einen von vier Löwenfiguren getragenen romanischen Taufstein und einen gotischen Schnitzaltar. Er entstand im ausgehenden 15. Jahrhundert und zeigt in der Mitte eine Darstellung des Gnadenstuhles.

Die dritte alte Inselkirche findet sich am Ostrand von Westerland, wo sie heute fast ganz unter alten Bäumen versteckt ist. Bis 1637 wurde sie unter Verwendung von sehr viel älteren Granitquadern neu errichtet und dem Hl. Niels geweiht. Ihr Prunkstück ist ein spätgotischer Schnitzaltar aus dem ausgehenden 15. Jahrhundert. In seinem Mittelschrein ist die Marienkrönung mit großen, sehr ernst blickenden Figuren dargestellt. Zwei gleichgroße Bischöfe fungieren als Zeugen des Geschehens. Die beiden Seitenflügel präsentieren die Zwölf Apostel. Die wohl älteste auf Sylt erhaltene mittelalterliche Plastik ist das kleine Triumphkreuz über dem Chorbogen. Es stammt aus hochgotischer Zeit und wurde ebenso wie der Altar aus der Vorgängerkirche übernommen.

Daß die Inselmetropole Westerland in ihrer Fußgängerzone und auf ihrem rund sieben Kilometer langen Strand alles zum Kurbetrieb nur Denkbare bietet, braucht nicht eigens betont zu werden. Nördlich von Westerland beginnt das fast vier Kilometer lange und über 25 Meter hohe Rote Kliff, das seine Farbe dem im Geschiebelehm enthaltenen Eisen verdankt. Anders als beim Morsumer Kliff ist die Abbruchkante hier nur durch einen relativ schmalen Sandstreifen geschützt, so daß die See Jahr für Jahr vom Roten Kliff ihren Tribut fordert. Allein die Sturmflut von 1976 riß eine fast zwanzig Meter dicke Scheibe ab. Inzwischen hat man zwar versucht, durch umfangreiche Sandaufspülungen das gefräßige Nagen der See zu stoppen, doch bleibt der Erfolg bisher sehr gering.

Wo Sylt im Norden schmal wird, liegt Kampen, die *Blaue Blume der Nordsee-Romantik*. Jet-Set und Möchtegern-Größen suchen hier die Prominenten, freuen sich, die auf ein kaufkräftiges Publikum abgestimmten Preise bezahlen zu dürfen und finden die Nächte meist interessanter als die Tage. Alle anderen Besucher Kampens freuen sich darüber, daß es hier wenigstens keine Betondenkmäler gibt, weil schon 1913 ein Gemeindestatut vorgeschrieben hat, daß Häuser höchstens acht Meter hoch sein dürfen, einen Abstand von mindestens 25 Meter haben und reetgedeckt sein müssen. Zwischen Dorf und Meer sorgt ein gut zehn Hektar großes, streng geschütztes Heidegebiet für natürliche Grenzen möglicher Bauwut. Nördlich und südlich der Heide verbietet abwechslungsreiche Dünenlandschaft ohnehin jedes Bauen.

Höhepunkt dieser Dünenwelt ist die 52 Meter hohe Uwe-Düne. Getauft wurde sie nach Uwe Jens Dornsen, der als geborener Sylter seiner Heimat als Landvogt in dänischen Diensten gerecht zu werden versuchte. Weil er von der dänischen Krone größere Unabhängigkeit forderte, fiel er in Kopenhagen prompt in Ungnade. Die Sylter verehren ihn deshalb bis heute als ihren Freiheitshelden.

Nördlich von Kampen wird Sylt schmal, vom Geestkern ist nichts mehr zu sehen, und Wind und Wellen können ihr uraltes Spiel mit dem Sand nahezu uneingeschränkt treiben. Das Ergebnis sind die Lister Dünen, die mit ihren Heidetälern und bis zu 35 Meter hohen Flugsanddünen an der gesamten Nordseeküste einmalig sind. Ihre wanderfreudigsten ziehen Jahr um Jahr etwa sechs Meter ostwärts.

Am Nordzipfel von Sylt liegt List, die nördlichste Ortschaft Deutschlands. Sie hieß ursprünglich Listum, ging aber 1362 in der großen Mandränke unter. Das neue List bestand zunächst nur aus dem Westhof und dem Osthof. Ihre beiden Großbauern hatten das Land bis hinunter zu den Dünen von Kampen direkt vom dänischen König als *Erbfeste* erhalten. Als Sylt 1871 an das Deutsche Reich kam, kauften die beiden Königsbauern ihr Land dem dänischen König gegen blankes Gold ab.

Im Prinzip gehört den Erben der beiden Königsbauern das Listland bis heute – gäbe es da nicht einige Einschränkungen. Zum einen erzwangen die Nationalsozialisten die Abgabe von achtzig Hektar für den Bau einer Garnison. Um der Enteignung ein Mäntelchen zu geben, zahlten sie 7,5 Pfennig für den Quadratmeter. Die damals gebauten Häuser heißen bei den Listern noch heute *Göring-Häuser.* Zum anderen ging es nach dem Krieg darum, List eine Lebensmöglichkeit zu schaffen. Die Nachfahren der Königsbauern verkauften dafür den Grund für die heutige Siedlung Mellhörn und das Gelände um die Blidsel-Bucht. Zum dritten wurden knapp 1300 Hektar als Naturschutzgebiet ausgewiesen. Letzte sichtbare Erinnerung an die Königsbauern ist heute nur noch die Tatsache, daß ihren Erben weiterhin der Ellenbogen gehört. Wer ihn besuchen oder dort baden möchte, der zahlt seine Benutzungsgebühr an die Erbengemeinschaft der Königsbauern.

Südlich von Westerland verengt sich die Insel noch schneller als im Norden. Hier gleicht der schmale Dünengürtel schon eher einer Nehrung, obwohl es da auch noch das Rantum-Becken gibt. Seine etwa 560 Hektar große Wasserfläche wurde 1936 eingedeicht, um Wasserflugzeugen Start- und Landemöglichkeit zu geben. Heute ist die Verlandung soweit fortgeschritten, daß das Becken ein ideales Brutrevier für zahlreiche, sonst äußerst gefährdete Seevögel ist.

An der schmalsten Stelle der südlichen Halbinsel liegt das kleine Rantum mit seiner reetgedeckten Inselkirche. Ihr war ebensowenig Dauer beschieden wie dem ganzen Dorf. Im 15. Jahrhundert und gleich zweimal im 18. Jahrhundert mußte das Dorf bereits der See weichen und jeweils weiter östlich neu errichtet werden. Hier bleibt an der Wattseite nur erhalten, was der Wind direkt nach Osten verfrachtet. Alles, was dagegen die Wellen losreißen, wandert mit einer starken Südströmung direkt an die Südspitze von Sylt und verlängert dort den ohnehin schon langen Finger weiter.

Südlichster Inselort ist Hörnum, das nach der Allerheiligenflut von 1436 anstelle des untergegangenen Eidum entstand. Seine Bewohner waren Fischer, die vor allem auf Heringsfang zogen. Selbst mit dieser bescheidenen Existenzgrundlage war es 1607 vorbei, als nahezu die gesamte Heringsflotte von Hörnum unterging. Zusammen mit den Männern von Amrum betätigten sich die wenigen Überlebenden anschließend hauptsächlich als Strand- und Seeräuber, bis sich 1634 die See die Landverbindung zwischen Sylt und Amrum holte. Danach zogen sie eben alleine auf Raub aus.

In Hörnums armseliger Umgebung war auch jener standhafte Sylter zu Hause, dessen Rückgrat Detlev von Liliencron seine berühmte Ballade vom Amtmann von Tondern widmete. Der kam einst, um fällige Steuern einzutreiben, und geriet an Pidder Lüng. Sein standhafter Spruch: *Lewwer duad üs Slaav* (Lieber tot als Sklave) ärgerte den Amtmann so, daß er dem Widerspenstigen in den Grünkohl spuckte. Der wiederum packte den Amtmann mit der Nase voraus in den Kohl, bis er erstickt war. Zwar kam die Obrigkeit am Ende zu ihrem «Recht», der arme Pidder Lüng und mit ihm alle aufrechten Friesen aber auch zu ihrem letzten Wort: *Lewwer duad üs Slaav!*

Anschluß an die neue Zeit fand Hörnum erst, als die Hamburg-Amerika-Linie 1900 einen Hafen mit einer stählernen Anlegebrücke bauen ließ. Im Jahr darauf wurde die Schienenverbindung nach Westerland fertig, so daß man nun direkt von Hamburg mit dem Schiff nach Sylt reisen konnte. Zum Dorf aber wurde Hörnum, als 1935 ein Fliegerhorst gebaut wurde, und erst recht, als nach dem Krieg die Touristen auch den Fingernagel des nach Süden gestreckten Sylter Zeigefingers entdeckten.

# Nordfriesisches Deichland

*Köge, nichts als Köge*

In Nordfriesland ganz oben, zwischen der oft zitierten Arlau und der dänischen Grenze, erstreckt sich das Land der Harden. Friesische Verwaltungseinheiten umfaßten sie einmal: die Bökingharde, die Wiedingharde, die Nordergoesharde und die Karharde. Es ist eine Landschaft der Köge, eine grüne Landschaft, in der seit altersher schwer gearbeitet wurde; denn einst gab es auch hier Halligen und Wattenmeer. Nach und nach rang man der Nordsee fruchtbares Marschland ab.

Spuren der Hallig-Vergangenheit finden sich überall, zum Beispiel in Dagebüll, wo noch Häuser auf Warften zu finden sind und ein alter Fething, das traditionelle Süßwasserreservoir der Halligbewohner. Viel zitiert ist die kleine Arlau, weil man in dieser Gegend seit eh und je gerne beim Teepunsch saß: Nördlich des Wasserlaufs wird er mit gelbem, *geelem,* Köm genossen, südlich – die Hardenleute sagen es etwas herablassend – «nur» mit weißem.

Niebüll als touristischer Mittelpunkt, Bredstedt mit seinem weithin bekannten Naturzentrum, Dagebüll, der Fährhafen mit dem grünen Badestrand, sind die Hauptorte im Hardenland. Daneben gibt es die sogenannten Geheimtips, von denen die Insider hoffen, sie mögen noch recht lange Geheimtips bleiben: Angler schwärmen vom Ruttebüller See oder vom Hülltofter Tief, Genießer träumen von den Emmelsbüller Muschel-Spezialitäten, Romantiker schwärmen von der nächtlichen, von Fackeln begleiteten Wattwanderung, Traditionsbewußte lieben die Ringreiterturniere, die den ganzen Sommer über stattfinden. Und wie in alten Zeiten gehen viele ins Watt zum Butt-Sinken. In den Prielen, gegen die Strömung, werden die leckeren Plattfische ins Netz gelockt. «Butt-Sinken», sagen die Menschen aus den Harden, «ist schon fast eine Gesinnung.»

Sehr viel mehr noch eine Gesinnung war es, durch die Jahrhunderte hindurch, all die erschütternden Kämpfe mit der See durchzustehen. Wo heute der große Seedeich wie ein klarer Trennungsstrich zwischen Himmel und Erde die Marsch Nordfrieslands und ihre Bewohner schützt, gab es im 8. Jahrhundert, als die Friesen hier zu siedeln begannen, überhaupt keinen Schutz gegen steigende Fluten. Einziges Mittel der Selbsthilfe war der Hausbau auf Warften, auf selbst aufgeschütteten Hügeln also.

Erste Deiche waren nichts anderes als kleine, um den eigenen Grund aufgeworfene Wälle. Erst nach und nach schlossen sich mehrere Dörfer zusammen, um gemeinsam zur Seeseite hin verstärkte Deiche zu schaffen. Nach dem allgegenwärtigen Motto: *Wer nicht will deichen, der muß weichen,* wurden für die einzelnen Höfe genau festgelegte Pflichten für die Erhaltung und Verbesserung der Deiche geschaffen.

Jahrhunderte dauerte der Streit, wie ein optimaler Deich auszusehen habe. Noch zu Theodor Storms Zeiten war diese Frage akut, wenn im *Schimmelreiter* der junge Hauke Haien sachlich feststellt: «Unsere Deiche taugen nichts, Vater! Die Wasserseite ist zu steil, wenn es einmal kommt, wie es mehr als einmal schon gekommen ist, so können wir auch hier hinterm Deich ersaufen!»

Das lange Zeit nicht erkannte Hauptübel beim Deichbau waren die zu steilen Flanken bei einer zudem recht schmalen Krone. So hatte der 1599 fertiggestellte Deich um den Sieversflether Koog bei einer Gesamthöhe von drei Metern lediglich eine Kronenbreite von knapp zwei Metern und eine Sohlenbreite von nur zwölf Metern. Die Seeseite sicherte man zwar noch zusätzlich mit einem Staket aus Pfählen, doch war gerade diese «Sicherung» sehr trügerisch. Sie nämlich bot dem Wasser eine besonders harte Angriffsfläche, was häufig zu Unterspülungen führte.

Gegen die Anfälligkeit der Deiche suchte man sich mit einer doppelten Deichlinie zu schützen. Aus diesem Grund wurde vor dem Hauptdeich (Winterdeich) in einigem Abstand ein etwas niedrigerer Sommerdeich angelegt, der während des Sommers das Weideland zwischen den Deichen schützte und im Winter bei höheren Fluten der See ihre Hauptmacht nahm. Selbst bei Überflutung wirkte der Sommerdeich dann wenigstens noch als erster Wellenbrecher. Sobald vor dem Sommerdeich genügend neues Marschgelände angewachsen war, wurde dann der Sommerdeich zum neuen Winterdeich erhöht und draußen ein neuer Sommerdeich errichtet. Sämtliche alten Köge Nordfrieslands sind nach diesem Muster gewachsen.

Die Stabilität der Deiche wuchs mit der Ausdehnung der eingedeichten Fläche. Der Sophienkoog erhielt so 1718 bereits einen 4,30 Meter hohen Deich mit 22 Meter breiter Sohle. 1768 erhielt der Desmercièreskoog schon einen 5,10 Meter hohen und an der Sohle 35 Meter breiten Deich. Der 1954 fertiggestellte Friedrich-Wilhelm-Lübke-Koog ist 7,20 Meter hoch eingedeicht bei einer Sohlenbreite von siebzig Metern. Die Eindeichung der Meldorfer Bucht schließlich wurde mit einem 8,80 Meter hohen und an der Sohle neunzig Meter breiten Deich vorgenommen.

Auch heute ist dieser Prozeß der Landgewinnung noch keineswegs abgeschlossen. Verschoben allerdings haben sich die Ziele. Ging es früher hauptsächlich um Landgewinnung, steht heute der Küstenschutz im Vordergrund. Paradebeispiel dafür ist die Eindeichung der Meldorfer Bucht, die durch einen knapp fünfzehn Kilometer langen Deich zwischen Warwerot bei Büsum und dem Dieksandkoog in Nord-Südrichtung praktisch halbiert wird. Außer der Neulandgewinnung wurde mit dem neuen Deich immerhin eine Deichverkürzung um sechzehn Kilometer erreicht. Eindeichungen der Bucht südlich von Dagebüll bis Schlüttsiel sowie ein gewaltiges Projekt südlich von Schlüttsiel – unter Einbezug der Hamburger Hallig und der Hallig Nordstrandischmoor bis hinüber zur Insel Nordstrand – stehen als größte Schutzbaumaßnahme im Norden auf dem Programm.

## Die graue Stadt am Meer

Fährt man die grüne Küstenstraße von Nord nach Süd, hat man fast immer auf der rechten Seite das Land der Köge und links die flachen Hügel der Geest. Der Karlum-Berg mit 33 Meter nördlich von Leck, die Rantzauhöhe mit 45 Meter südlich von Leck und der Stoll-Berg mit 44 Meter nördlich von Bredstedt sind ihre landschaftlich herausragenden Höhepunkte.

Auch die Welt der Köge mit ihren häufig einzeln stehenden Bauernhöfen ist nicht ohne solche Höhepunkte, allerdings sind sie sehr viel versteckter und flüchtiger. Ihnen kommt nur auf die Spur, wer viel Zeit mitbringt, geduldig warten kann und ein gutes Fernglas dabeihat. Je näher die Köge dem Wattenmeer liegen, desto vielfältiger wird die Vogelwelt, desto ergiebiger können ruhige Beobachtungsstunden sein. Vor allem die großen Seevogel-Schutzgebiete zwischen Schlüttsiel und dem Ockholmer Koog sowie zwischen der Hamburger Hallig und dem Sönke-Nissen-Koog sind hier erfolgversprechend.

Wer dagegen Kunst am Entstehungsort erleben und genießen möchte, darf die Fahrt über die winkligen Landstraßen im Wiedingharder Gotteskoog nicht scheuen. Zur Belohnung gibt es dafür in Seebüll, knapp vor der dänischen Grenze, expressionistische Malerei zu bewundern. Emil Hansen hieß der nachdenkliche Maler, der sich nach seinem Geburtsort im nahen Nordschleswig Emil Nolde nannte und sich bis 1928 nach eigenem Entwurf in Seebüll sein Atelier errichtete. Das Programm dazu hatte er bereits 1901 geschrieben: *Meine Bilder sind wie unsichtbar, denn es ist hier nichts drauf. Ich will mir ein Haus mit einer großen Scheune kaufen, dort sollen meine Bilder hängen, auf daß niemand ihrer lache, daß niemand sie sähe, nur ein einzelner, verirrter Wandersmann.*

Die starke Farbigkeit, die Größe und Einfachheit der Form und die Unmittelbarkeit des Ausdrucks waren es denn auch, die dafür sorgten, daß Nolde lange nicht verstanden wurde. Immerhin schloß man ihn schon 1910 aus der Berliner Secession aus. Nur logisch war es da, daß die frühe Kritik in gehässigen Angriffen der Nationalsozialisten im Rahmen der Münchner Ausstellung *Entartete Kunst* von 1937 gipfelte.

Längst jedoch wurde inzwischen die Kraft der Bilder Noldes erkannt, wurde erkannt, mit welcher Meisterschaft er die weiten Marschwiesen, den stürmischen Himmel, den Meereshorizont oder die Sonnenuntergänge mit Pinsel und Farbe auszudrücken verstand. Heute reißt die Schlange seiner Bewunderer nicht ab, sein literarisches Denkmal hat ihm Siegfried Lenz in der *Deutschstunde* errichtet.

Weil in Niebüll die Autorampe und die Verladestation nach Sylt steht, ist aus dem kleinen Dorf auf flacher Geestinsel ein vom Autostrom abhängiges, quirliges Städtchen geworden. Seine kleine Kirche von 1729 lehnt sich zwar an ein malerisches Friedhofstor und hat eine ziemlich einheitliche barocke Ausstattung, doch sehr viel interessanter ist das abgelegene Kirchlein von Enge, südlich der Rantzauhöhe. Dort nämlich versteckt sich an der Decke des Schiffes eine äußerst originelle Malerei aus dem Jahre 1779. Auf ihr ist das Dorf und die gesamte Dorfgemeinschaft dargestellt. Im Vordergrund sieht man pflügende Bauern, dazwischen vergnügt sich ein unkrautsäender Teufel.

Südlich von Enge führt die grüne Küstenstraße vorbei am 44 Meter hohen Stoll-Berg nach Bredstedt, dem man es heute auch nicht mehr ansieht, daß es einst Hafen- und Handelsstadt war. Von alten Zeiten zeugen lediglich noch die Backsteinkirche aus dem 15. Jahrhundert mit ihrer reichverzierten Kanzel von 1647 und die Apotheke am Markt in einem Haus von 1611. Wenige Kilometer südöstlich dagegen versteckt sich ein regelrechtes Juwel. In der um 1200 errichteten romanischen Feldsteinkirche von Drelsdorf ist eine überwältigende Ausstattungsfülle erhalten.

Ornamentale Bauernschnitzereien an den Gestühlswangen wetteifern mit der reichen Ausmalung der Wände, die Spätrenaissancekanzel ergänzt aufs Vorteilhafteste den Renaissancealtar, eine Reihe geschnitzter Apostel aus dem 15. Jahrhundert überwacht von der Chorwand her das Geschehen in der Kirche. Auf dem Epitaph Bonnix von 1657 findet sich die Inschrift: *aquis incuria servi submersus* (durch Nachlässigkeit des Knechtes in den Wassern untergegangen). Sie regte 1876 Theodor Storm zu seiner Novelle *Aquis submersus* an, deren Handlung weitgehend im wenig südlich gelegenen Hattstedt angesiedelt ist.

In Husum ist es denn auch Theodor Storm, der selbst heute noch auf Schritt und Tritt die Stadt und ihre Sehenswürdigkeiten beherrscht. Zu Storm-Stätten führt ein eigener Prospekt des Fremdenverkehrsverbandes, es gibt eine eigene Storm-Gesellschaft, ein Storm-Archiv und natürlich im zweigeschossigen Kaufmannshaus aus dem 18. Jahrhundert das Wohn- und Arbeitszimmer Theodor Storms im Original. Nicht umsonst hat der Schöpfer des Schimmelreiters die «graue Stadt am Meer» immer wieder in seinen Werken dichterisch verewigt. So erkennt der heutige Besucher die Gassen und Plätze seiner Erzählungen und lyrischen Novellen wieder und kann die Stimmungen seiner Gedichte nachfühlen.

Alle Stormbegeisterung darf aber nicht darüber hinwegtäuschen, daß der Meister gerade erst hundert Jahre tot, sein Husum jedoch um ein etliches älter ist. Erstmals erwähnt wurde es immerhin bereits im Jahre 1252, als der dänische König Abel auf *Husumbro* erschlagen wurde. Dabei muß man den Namen wohl wörtlich nehmen, der nichts anderes heißt als Brücke bei den Häusern. Nicht einmal eine eigene Kirche hatten diese Häuser, geschweige denn einen Hafen. Die Häuser nämlich lagen im Binnenland, das Meer begann erst wesentlich weiter westlich. Erst die große Sturmflut von 1362 machte dem Heverstrom zwischen Eiderstedt und Nordstrand die Bahn frei, bescherte Husum seinen Hafen und sorgte für eine stürmische Aufwärtsbewegung.

Anfang des 16. Jahrhunderts war Husum bereits eine blühende Stadt, die dank der Förderung der Gottorfer Herzöge im 16. Jahrhundert ihren Höhepunkt erreichte. 1516 errichteten hier die Herzöge ihre Münzstätte, 1582 erhielt man dann auch endlich das begehrte Marktrecht. Daß auch damals schon die Künste blühten, beweist kein Geringerer als der berühmte Holzschnitzer Hans Brüggemann, der hier seine Werkstatt hatte. Daß es auch an geistiger Beweglichkeit nicht mangelte und man Neuem gegenüber stets aufgeschlossen war, zeigt nichts besser als die Tatsache, daß Husum bereits 1527 als erste Stadt in Schleswig-Holstein protestantisch wurde. Theodor Storms Berühmtheit brachte da eigentlich nur noch das Tüpfelchen auf dem i.

Mittelpunkt der Stadt ist heute der Marktplatz mit Rathaus und Kirche, auf den von Westen trichterförmig die Großstraße, die einst vornehmste Straße Husums, mündet. Die Verbindung zum Hafen und zur Schiffbrücke vermittelt die Krämerstraße, die ihrem Namen wie eh und je Ehre macht. Die Häuser der Schiffbrücke mußten zwar 1852 nach einem Großbrand neu errichtet werden, doch förderte dies gerade die biedermeierliche Einheitlichkeit. Westlich an die Schiffbrücke schließt sich als geschlossene Straßenzeile die Wasserreihe an, in der auch das Storm-Haus steht.

Mittelpunkt des Marktplatzes ist heute der Asmussen-Woldsen-Brunnen. Ihn schuf Adolf Brütt 1902 und krönte ihn mit der Holzpantinen tragenden *Tine*.

Beherrschend auf der Nordseite des Platzes ist das Herrenhaus mit seinen in Stein gehauenen Köpfen am Stufengiebel. Sie erinnern an jene Husumer Bürger, die wegen einer Rebellion gegen den dänischen König Christian I. 1472 hingerichtet wurden. Das zweigeschossige, rote Haus mit dem Walmdach ist Storms Geburtshaus, und das Rathaus neben dem Herrenhaus entstand bereits 1601 mit einem zur Straße hin offenen Erdgeschoß, in dem das Gericht «öffentlich» tagte. Nach vielfältigen Umbauten zeigt es heute wieder die Ansicht, die es Anfang des 18. Jahrhunderts hatte.

Husums einstige Pfarrkirche an der Ostseite des Markplatzes wurde 1431 als Marienkirche begonnen. Mit ihrem 22 Meter hoch aufragenden Chor und der reichen Ausstattung durch Hans Brüggemann muß sie ein ausgesprochenes Juwel gewesen sein. Warum die Husumer 1807 glaubten, die Kirche wegen «Baufälligkeit» abreißen zu müssen, wissen sie inzwischen wohl selbst nicht mehr so recht. Als Ersatz stellte ihnen Christian Frederik Hansen bis 1832 eine klassizistische Kirche hin, deren Innenraum mächtige dorische Säulen bestimmen und den Blick ganz gezielt auf den Kanzelaltar lenken. An den Vorgängerbau erinnert lediglich noch die alte Bronzetaufe von 1643.

Das Schloß der Gottorfer Herzöge entstand im 16. Jahrhundert in einem weiten Park nördlich von Husum. Es diente zunächst als Nebenresidenz und später als Witwensitz. Nach der Vertreibung der Herzöge stand das Schloß leer, wurde 1752 umgebaut und später teilweise abgebrochen. Erst in unserer Zeit versuchte man zu retten und zu restaurieren. Als weithin sichtbares Zeichen entstand so bis 1980 nach alten Vorlagen der hohe Turmhelm völlig neu. Im Inneren blieben von der alten Einrichtung lediglich zwei Prachtkamine von 1613 und 1615, beide von Henni Heidtrider mit reichem Skulpturenschmuck aus Alabaster ausgestattet. Original erhalten ist das Torhaus von 1612, das eigentlich alleine einen Eindruck ursprünglicher Schönheit vermittelt. Sein Sandsteinportal mit Rundbogendurchfahrt sowie die geschweiften Mittel- und Seitengiebel weisen es als gutes Beispiel der Spätrenaissance aus. Mit Abstand am schönsten aber ist die Husumer Schloßanlage, wenn im Frühjahr Millionen violetter Krokusse den Schloßpark in ein Blütenmeer verwandeln.

Allemal einen Abstecher wert ist die romanische Lamberti-Kirche in Mildstedt. Ihren Bau veranlaßte wohl noch der dänische König Waldemar I. Schiff, Chor und Apsis jedenfalls standen bereits um 1200. Mit ihrer beachtlichen Größe war sie die Hauptkirche des damaligen Bezirks Südergoesharde, zu dem auch Husum gehörte. Bis Mitte des 15. Jahrhunderts gingen die Husumer in Mildstedt zur Kirche.

# BILDKOMMENTARE

Seite 121:
Das Husumer Schloß der Herzöge von Gottorf entstand im 16. Jahrhundert zunächst als Nebenresidenz und diente später als Witwensitz. Das Torhaus stammt von 1612.

Seiten 122/123:
Der ausgedehnte Husumer Schloßpark ist am schönsten, wenn im Frühjahr Millionen violetter Krokusse die Anlage mit ihren majestätischen Bäumen in ein riesiges Blütenmeer verwandeln.

Seiten 124/125:
Schönster Ort auf der Insel Föhr ist Nieblum mit seinem dem hl. Johannes geweihten «Friesendom». Die riesige Kirche bietet Platz für über 1000 Gläubige, hat einen spätromanischen Chor und ein frühgotisches Querschiff. Das Bild links oben zeigt einen Ausschnitt vom 1480 fertiggestellten Marienaltar, links unten sind drei Schnitzfelder der Kanzel zu sehen.

Seiten 126/127:
Das Nordfriesische Wattenmeer ist die Heimat riesiger Krabbenschwärme, die im Rhythmus von Ebbe und Flut dem auf- und ablaufenden Wasser folgen. Ihnen stellen die Fischer mit Schleppnetzen nach, die über den Wattboden gezogen werden. Schwere Eisenrollen sorgen dafür, daß der untere Rand des Netzes wirklich am Boden bleibt. Der Fang wird schließlich noch an Bord des Kutters gekocht.

Seite 128:
Wenn der «Blanke Hans» an der Nordsee zu toben beginnt, bedeutet dies höchste Gefahr für die Schiffahrt, die Inseln und trotz moderner Deiche auch für das Kogland.

Seite 129:
Auch mit dem Winter ist im Land zwischen den Meeren keineswegs zu spaßen. Im günstigen Fall zaubert der Seenebel nur eine Feenlandschaft, manchmal benötigt die Fähre aber auch einen Rettungskreuzer als Eisbrecher.

Seite 130:
Amrum ist die Nordseeinsel mit dem größten Sandstrand und einer herrlich weiten Dünenlandschaft. Die beste Aussicht bietet der 42 Meter hohe Leuchtturm bei Wittdün.

Seite 131:
Im Amrumer Hafen haben nicht nur Krabbenkutter ihre Heimat. Hier liegt auch ein Seenotrettungskreuzer auf Wachstation, um von diesem Vorposten aus im Ernstfall möglichst schnell Hilfe bringen zu können. Das Tochterboot im Heck kann für geringe Wassertiefen ausgesetzt werden.

Seite 132:
Schönstes Dorf auf Amrum ist das malerische Nebel mit seinen reetgedeckten Friesenhäusern. Sein Wahrzeichen ist die reetverkleidete Windmühle.

Die wertvolle Innenausstattung umfaßt einen hervorragenden spätgotischen Flügelaltar, den der «Meister des Neuenkirchener Altars» 1440 in Lübeck geschnitzt hat. In seinem Mittelteil enthält er eine figurenreiche Kreuzigungsszene, der linke Flügel zeigt die Verkündigung und die Anbetung der Könige, der rechte die Darstellungen im Tempel und die Geburt in Bethlehem. Die Nordseite des Schiffes ziert eine um 1400 entstandene Apostelgruppe auf einem mächtigen Balken. Vermutlich stammt sie aus einer Kirche, die bei der großen Sturmflut von 1634 auf Nordstrand unterging. Angeblich sei die Apostelgruppe bei der Sturmflut in Mildstedt angetrieben worden. Da dies undenkbar scheint, dürfte es sich um eine Schutzbehauptung der Mildstedter handeln, denn nur Strandgut gehörte dem Finder. Alles andere herrenlose Gut wäre Eigentum des Fürsten in Schleswig gewesen.

# Nordfriesische Inselwelt

*Amrum und Föhr*

Südlich von Sylt liegt als äußerster Vorposten am Westrand des Wattenmeeres die Insel am «Sandigen Rand» (*Am Rem* = sandiger Rand, daraus wurde Amrum). Obwohl auf Sichtweite von Hörnum gelegen und mit Sylt ursprünglich auch verbunden, präsentiert sich Amrum doch mit einem völlig anderen Gesicht. Während auf Sylt der Sand heute rar geworden ist und zur Sicherung der Insel mit großem Aufwand vorgespült werden muß, gibt es ihn auf Amrums Westseite auf über zehn Quadratkilometern in Hülle und Fülle. Bis zu 1,5 Kilometer breit ist der Kniepsand und das auf einer Länge von rund zehn Kilometern. Nirgendwo sonst in Europa gibt es vor einer Insel einen solchen Sand – einen Sand zudem, der zumindest ursprünglich mit der Insel selbst direkt gar nichts zu tun hatte.

Noch keine vierhundert Jahre nämlich ist es her, da lag der Kniepsand noch nicht als breiter Streifen vor dem Geestkern der Insel, sondern ragte als «Amrumer Barriere» weit nach Westen ins Meer hinaus. Lediglich an der Südspitze der Insel gab es eine Verbindung zwischen Sand und Geest. Nach und nach sorgten dann Wellen, Wind und Meeresströmung dafür, daß der Sand um beinahe neunzig Grad schwenkte und erst vor den natürlich gewachsenen Inseldünen weitgehend zur Ruhe kam.

Östlich des Kniepsandes schließt sich eine weite Dünenlandschaft an, die fast die Hälfte der Inselfläche einnimmt. Bis auf drei Wanderdünen sind sie heute gezähmt, auf Bohlenwegen kann man in die Sandgebirge hineinwandern. Die besten Ausblicke gibt es entweder von der Aussichtsdüne oder vom 42 Meter hohen Leuchtturm bei Wittdün. Entlang der Dünenostseite schließen sich ausgedehnte Heideflächen an, die erst in unserer Zeit teilweise mit Ulmen, Pappeln, Kiefern und Fichten aufgeforstet wurden. Gegen die Wattseite hin kann man an einer rund einen Meter hohen «Minikliffbildung» zwischen Nebel und Steenodde sogar den Geestkern der Insel und damit den Beweis dafür erkennen, daß auch Amrum Teil des alten nordfriesischen Festlandes ist.

Den Amrumern sagt man sicher nicht ganz zu Unrecht eine gewisse Eigenwilligkeit nach. An karges Leben gewöhnt, hatten die alten Seeräuber zunächst wenig für den auf den Nachbarinseln bereits beliebten Badebetrieb übrig. Noch 1885 stellte der Gemeinderat fest, es sei «der Verderb der guten hiesigen Sitten durch die Badeleute zu befürchten», wenn sich die Einwohner «den neuen Moden anpassen und in Luxus leben würden». Bis 1890 dauerte es dann, bis Amrum endgültig Seebad wurde.

Schönstes Dorf auf Amrum ist das malerische Nebel mit seinen reetgedeckten Häusern, seiner alten St. Clemenskirche und den mit kunstvollen Reliefs verzierten alten Grabsteinen auf dem Kirchhof. Chor und Schiff der Kirche stammen noch aus dem frühen 13. Jahrhundert, der dreiflügelige Altar wurde 1634 bemalt.

Östlich von Amrum fällt das Watt bei Ebbe bis zur Nachbarinsel Föhr hinüber trocken. Wer den rund sechs Kilometer langen Marsch durch das Watt nicht scheut, kann Föhr also durchaus zu Fuß vom Nordende Amrums aus erreichen, alle anderen landen mit der Fähre in Wyk. Hier war man mit den Badegästen keineswegs so zimperlich wie auf Amrum. Prominentester Gast war bereits 1842 der dänische König Christian VIII., der danach fünf Jahre lang den Sommer auf der Insel verbrachte. In seinem Gefolge brachte er 1844 den Märchenerzähler Hans Christian Andersen mit. 1879 schließlich ließ sich der Wiener Walzerkönig Johann Strauß in Wyk zu seinen *Nordseebildern* inspirieren.

All die prominenten Gäste führten jedoch keineswegs dazu, daß Föhr seinen bäuerlichen und etwas verträumten Charme verloren hätte. Fette Weiden auf der Marsch und gepflegte Dörfer auf der Geest machten die Insel zum ruhigen Familiendomizil. Ein 15 Kilometer langer Badestrand sorgt darüber hinaus dafür, daß Enge und Hektik erst gar nicht ausbrechen können.

Schönster Ort auf Föhr ist das idyllische Nieblum mit seinem dem Hl. Johannes geweihten «Friesendom». Die für das kleine Dorf riesige Kirche bietet Platz für tausend Gläubige, hat einen spätromanischen Chor mit eingezogener Apsis, ein gewölbtes, frühgotisches Querschiff und ein mit einer Holzbalkendecke geschlossenes Schiff. Ältestes Stück ihrer Ausstattung ist ein um 1200 gearbeiteter Taufstein aus Granit. Der spätgotische Flügelaltar wurde immerhin auch schon 1480 fertiggestellt.

Die älteste Kirche Föhrs steht bei Süderende und ist dem Hl. Laurentius geweiht. Ihr Langhaus wurde noch im 12. Jahrhundert fertiggestellt, die barocke Ausmalung an den Schiffsgewölben erhielt die Kirche um 1670. Selbst die jüngste Föhrer Kirche, die Nikolaikirche in Boldixum, entstand schon im zweiten Drittel des 13. Jahrhunderts als Backsteinbau und erhielt in allen drei Jochen eine ausgemalte Wölbung. Ihren heutigen Schnitzaltar schuf Johann Schnitker 1643 mit einer Darstellung des Abendmahls und Szenen aus der Leidensgeschichte Christi. Der frühgotische Taufstein aus der Mitte des 13. Jahrhunderts stammt von der Insel Gotland, der um 1300 geschnitzte Hl. Nikolaus ist der größte Schatz der Kirche und der ganzen Insel Föhr.

## *Halligträume*

Wind und Wellen, Ebbe und Flut bestimmen das Leben auf den grünen Eilanden im Wattenmeer, die offiziell Halligen heißen. Ihre grünen Marschen sind nicht durch Deiche geschützt, mehrmals im Jahr heißt es deshalb: *Land unter*. Lediglich für die Häuser gibt es Warften aus künstlich aufgeworfenen Hügeln. Allein auf Langeness sind es 19, auf Hooge neun und auf Habel, der kleinsten, nur hundert Meter breiten Hallig, sogar nur eine. Bei guter Sicht und entsprechender Beleuchtung ergeben sie etwa vom südlichen Strand von Wyk aus gesehen eine stimmungsvolle «Hallig-Skyline». Bei diffusem Wetter oder leichtem Nebel könnte man die Warften der Halligen mit auf Reede liegenden Schiffen verwechseln.

Heute sind noch gerade zehn Halligen vorhanden – kaum ein Drittel des noch vor rund vierhundert Jahren vorhandenen Bestandes. Jede Sturmflut nagte von neuem an den flüchtigen Schwemmländern aus Torf, Schlick und Sand, die niemand so recht zu schützen vermochte. Allein die Februarflut von 1825 verschlang 74 Halligbewohner und zerstörte 170 von zweihundert Häusern.

Heute hat sich das Bild zwar gewandelt, die Bewohner kämpfen nicht mehr ums nackte Überleben. Seit gut hundert Jahren sind die Halligen in den öffentlichen Küstenschutz einbezogen, weil man ihren unschätzbaren Wert als Wellenbrecher fürs Festland erkannt hat. Wohl haben die Warften inzwischen alle nach den Erfahrungen mit der schweren Sturmflut von 1962 massive Fluchträume erhalten, doch jedermanns Sache ist das Halligleben dadurch noch lange nicht geworden.

Wohl schützen hier und da niedrige Sommerdeiche vor Überflutungen im Sommer, gegen die Fluten der Winterstürme helfen sie jedoch gar nichts. *Land unter* ist deshalb im Winter häufiger Zustand. Das Meer rauscht dann über die Weiden, allein die Warften ragen wie kleine Felsen aus der Brandung der Flut. Daß dann Himmel, Meer und Weite das absolute Übergewicht haben, stellt niemand in Frage, der es je erlebt hat.

Halligträume zu erleben, aber ist selbst für den Tagesbesucher im Sommer nicht so einfach. Erreichbar nämlich sind die Halligen in der Regel nur mit dem Schiff. Lediglich Langeness, Oland und die Hamburger Hallig haben auch noch andere Verkehrsmöglichkeiten. Langeness und das vorgelagerte Oland sind über einen insgesamt rund neun Kilometer langen Schienendamm mit dem Festland verbunden. Auf ihm verkehrten einst Segelloren, heute besorgen kleine Dieselmotoren den Antrieb. Zur Hamburger Hallig gibt es seit 1859 einen «Damm», der allerdings kaum mehr ist als eine mit Platten belegte und bei jeder etwas höheren Flut überspülte Fahrspur. Immerhin kann man selbst bei normaler Flut bis vor die Warft wandern oder mit dem Fahrrad fahren.

Unbestrittene «Königin» der Halligen ist die Hallig Hooge. Auf der insgesamt 5,5 Quadratkilometer großen Hallig gibt es neun Warften und seit 1914 sogar einen Sommerdeich gegen die niedrigen Sturmfluten im Sommer. Das normale Hochwasser überragt er etwa um zwei Meter und sorgt dadurch dafür, daß es auf Hooge in der Regel nur im Winter *Land unter* gibt. Im Sommer dagegen schützt der Deich die Hallig wie ein Kuchenrand. Vor der Fertigstellung des Kuchenrandes war auch Hooge völlig ungeschützt. Den endgültigen Garaus für die alte Halligbeschaulichkeit aber brachten zwei als große Feste gefeierte Ereignisse.

Das erste wurde 1959 als Lichtfest gefeiert, als ein 20000-Volt-Kabel den Hoogern alle Segnungen der Elektrizität brachte. Das zweite, kaum weniger stürmisch gefeierte Fest, war 1969 das Wasserfest, als auf Hooge erstmals Süßwasser aus dem Wassernetz des Festlandes sprudelte. Damit hatte endlich die ewige Angst um das Süßwasser ein Ende; denn zum einen schmeckte das brackige Wasser aus den Fethingen, in denen das Regenwasser von den Reetdächern gesammelt wurde, kaum je besonders frisch, zum anderen verdarb nicht selten Salzwasser größerer Fluten die Süßwasservorräte.

Unverändert an alte Zeiten aber erinnern noch zwei Warften auf Hooge. Zum einen ist es die Kirchenwarft mit ihrer bis 1642 errichteten Kirche. Sie verdankt ihr Entstehen der großen Sturmflut von 1634, die von etwa 9000 Bewohnern der Marschen 6400 und weite Teile von Altnordstrand mitriß. Die alte Insel war in mehrere Einzelteile auseinandergerissen, die wenigen Überlebenden konnten sie nicht wieder zusammendeichen. Von damals 24 Kirchen wurden nicht weniger als 18 zerstört – Baumaterial, das sich die Hooger für ihre eigene Kirche holten.

Auch der größte Teil der Kircheneinrichtung wurde so zusammengeholt und ist deshalb älter als die Kirche selbst. So stammt das Gestühl mit seinen 26 schön geschnitzten Wangen und der Jahreszahl 1624 aus der 1624 fertiggestellten und bei der Sturmflut zehn Jahre später zerstörten Osterwohlder Kirche. Auch das holzgeschnitzte und ebenfalls mit der Jahreszahl 1624 versehene Taufbecken dürfte ebenso wie die Kanzel aus dieser Kirche stammen.

Entstanden ist die Kanzel in der Werkstatt des Flensburger Meisters Ringeling. Ihre Schnitzereien zeigen fünf Szenen aus dem Leben Christi. Die 1743 fertiggestellte Kanzeltür zeigt in ihrem oberen Abschluß einen weiblichen Wal mit seinem Jungen und erinnert damit an die Zeiten, als die Hooger noch auf Walfang fuhren. An der Decke hängt als Votivschiff von 1825 die Fregatte *Friedrich VI.* und erinnert an den Besuch des dänischen Königs, der seine Untertanen nach einer schweren Sturmflut besucht hatte.

An das gleiche Ereignis erinnert auch das *Königshaus* auf der Hans-Warft. Ihr Pesel, die gute Stube des 1767 errichteten Hauses, heißt seither Königspesel. Eingerichtet aber wurde die Stube vom Hooger Kapitän Tade Hans Bandix, der zunächst in holländischen Diensten und später mit eigenem Schiff auf eigene Rechnung an die Küste Spitzbergens zum Walfang fuhr. Seine gute Stube stattete er mit allen Kostbarkeiten aus, die er auf seinen Fahrten sammeln konnte. Vom chinesischen Porzellan bis zur vergoldeten Wärmflasche reicht die Spannweite der Erinnerungsstücke. Die Wände seiner Stube ließ sich der fromme Kapitän mit holländischen Fliesen schmücken, die für jeden Tag des Jahres ein Bild aus der Biblischen Geschichte parat haben. Käme Kapitän Bandix heute unverhofft von seiner letzten Reise nach Spitzbergen doch noch nach Hause, fände er jedenfalls seine Stube genauso, wie er sie bei seiner letzten Fahrt verließ.

## *Pellworm und Nordstrand*

Zwischen Föhr im Norden und der Halbinsel Eiderstedt im Süden gibt es keinen Quadratmeter Geest, der auch nur über die Niedrigwassergrenze hinausragen würde. Alles was hier mehr oder weniger lange aus dem Wasser ragt, ist reines Marschland, das ausschließlich hohe Deiche bewohnbar halten. Die 37 Quadratkilometer der Marschinsel Pellworm liegen sogar rund einen Meter unter dem Meeresspiegel, geschützt nur von einem gut dreißig Kilometer langen und rund acht Meter hohen Seedeich, der Katastrophen wie die vom 11. Oktober 1634 ein für allemal verhindern soll. Damals zerbrach eine Springflut die alten Deiche an mehr als vierzig Stellen und überflutete die Insel etwa vier Meter hoch.

Statt zu weichen, deichten die Pellwormer neu, ohne zu ahnen, daß es ein arg langer Kampf werden sollte. Allein im 18. Jahrhundert wurde Pellworm neunmal überflutet, im Februar 1825 stieg die Flut gar einen Meter über die Deichkronen. Daß die königlich-dänische Obrigkeit damals nahe daran war, die Insel aufzugeben, dürfte unter solchen Umständen nicht allzu sehr verwundern. Keineswegs ans Aufgeben dachten jedoch die Pellwormer selbst und deichten bis 1846 eben wieder neu, diesmal mit einer soliden Steindecke.

Pellworms Wahrzeichen ist die alte Kirche mit ihrem weithin erkennbaren, teilweise verfallenen Turm. Die dem Hl. Salvator geweihte Kirche zählt zu den ältesten Nordfrieslands. Als der Grundstein zum unverhältnismäßig hohen Turm 1095 gelegt wurde, war die Kirche selbst schon längst geweiht. Auf nicht weniger als 56 Meter Höhe reichte einst der Westturm hinauf. Seine östliche Hälfte stürzte zwar 1611 ein, der Rest steht jedoch bis heute als höchst eindrucksvolle, immerhin noch 25 Meter hohe Landmarke und wichtiges Seezeichen für kleine und große Kapitäne und nicht zuletzt als «Finger Gottes» für die Pellwormer.

Der prächtige Flügelaltar von 1460 enthält in figurenreichen Szenen die Passion und die Kreuzigung Christi. Die Flügelrückseiten und die Außenflügel wurden von einem spätgotischen Meister bemalt und sind seltene Beispiele dieses Stils in Nordfriesland. Auch das Taufbecken von 1475 und die wertvollen Gemälde im Kirchenschiff lohnen eine genauere Betrachtung.

Dem Altar genau gegenüber steht als zweites kostbares Werk der Pellwormer Kirche die 1711 fertiggestellte Orgel des berühmten Orgelbauers Arp Schnitger. Die von Organisten aus aller Welt gerne gespielte Orgel zeichnet sich durch einen neunteiligen, mit Akanthus einfühlsam verzierten Prospekt aus. Hier ein Orgelkonzert bei Kerzenschein erleben zu dürfen, ist für nicht wenige Besucher Pellworms der Höhepunkt schlechthin.

Pellworms neue Kirche entstand 1528 als einfache Saalkirche mit polygonalem Ostabschluß. Von ihrem goldenen Altarblatt behaupten viele, es sei das schönste in ganz Norddeutschland. Nicht übersehen werden sollte auch ein 1624 gearbeiteter Schrank mit reicher Spätrenaissance-Schnitzerei.

Sehr viel weltlicher geht es auf der Tammwarft bei Nikels Liermann zu. Dort gibt es das Wrack eines nachgebauten und später wieder angeschwemmten Wikingerschiffes zu sehen. Mit dem nachgebauten Schiff wollten junge Norweger die seemännischen Künste der Wikinger nachempfinden, kamen allerdings nicht weit. Nur ihr zerbrechliches Schiff brachten die Fluten zurück.

Auch die Halbinsel Nordstrand blieb in ihrer heutigen Form als Rest der großen Sturmflut von 1634. Auch sie verdankt ihre Sicherheit ausschließlich dem acht Meter hohen Seedeich, der die zehn Kilometer lange und sieben Kilometer breite Insel umschließt. Seit 1935 hat ein Straßendamm die Insel zur Halbinsel gemacht. Von ihrem an der Westecke gelegenen Hafen Strucklahnungshörn fährt die Fähre hinüber nach Pellworm.

Die noch ganz bäuerlich ausgerichtete Insel Nordstrand ist die Heimat des *Pharisäers*. Das «Nationalgetränk» der Schleswig-Holsteiner soll anläßlich einer

## Bildkommentare

Seite 141:
*Mit dem Pferdewagen ins trockengefallene Watt zu fahren, ist ein ganz besonderes Vergnügen für jung und alt. Meist wird eine Hallig angefahren.*

Seite 142:
*Noch sind die Krabben ein wichtiger Wirtschaftsfaktor, noch können die Krabbenfischer von ihren Fängen leben. Wird das Wattenmeer jedoch weiter verschmutzt, ist auch die Krabbenfischerei bedroht.*

Seite 143:
*An der ganzen nordfriesischen Küste bestimmt immer wieder Hafenidylle das Bild, weil eben zum einen die «Utlande» nur per Fähre erreichbar sind, zum anderen die Krabbenkutter allgegenwärtig sind.*

Seiten 144/145:
*Halligen, wie hier die Hamburger Hallig, sind grüne, nicht durch Deiche geschützte Eilande im Wattenmeer. Mehrmals im Jahr heißt es deshalb «Land unter». Lediglich die Häuser sind auf ihren Werften einigermaßen sicher.*

Seite 146:
*Trotz der unsicheren Lage im Wattenmeer haben sich auf den Halligen zahlreiche Kunstschätze erhalten. Die drei Beispiele oben und rechts unten stammen von der Kirchenwarft auf* Hooge, *der Königspesel ist eine alte Kapitänsstube auf der* Hanswarft.

Seite 147:
*Das obere Bild zeigt den Altar aus der 1634 versunkenen Kirche von* Ilgrof, *das untere den Turm der alten Kirche von* Pellworm.

Seiten 148/149:
*Die Luftaufnahme* Helgolands *belegt gut die Teilung der Insel in roten Fels und weiße Düne. Sie bestand einst aus einem weißen Felsen, der «Witteklyppe». Sie diente den Hamburgern zur Gewinnung von Kalk und Gips. Erst 1720 zerriß die Verbindung zwischen weißem und rotem Fels.*

Seite 150:
*Wahrzeichen des «heiligen Landes»* Helgoland *ist seine* Lange Anna. *Der gut 50 Meter hohe Felspfeiler an der Nordwestecke der Insel ist der Rest eines 1858 zusammengebrochenen großen Felstores.*

Seite 151:
*Helgoland ist DER Vogelfelsen in der deutschen Bucht. Vor allem Lummen nisten auf den ausgesetzten Felsbändern. Die bunten Buden im Hafen von Helgoland dienten einst den Hummerfischern. Hummer sind allerdings auf der Insel inzwischen selten geworden.*

Seite 152:
*Abschied von Helgoland.*

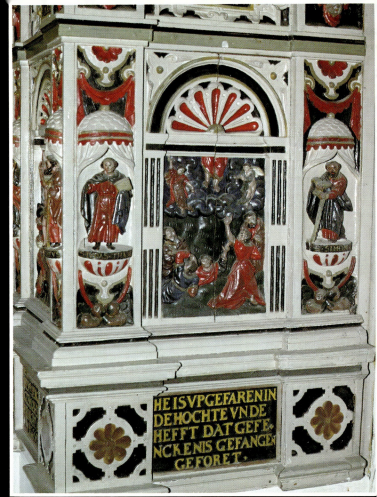

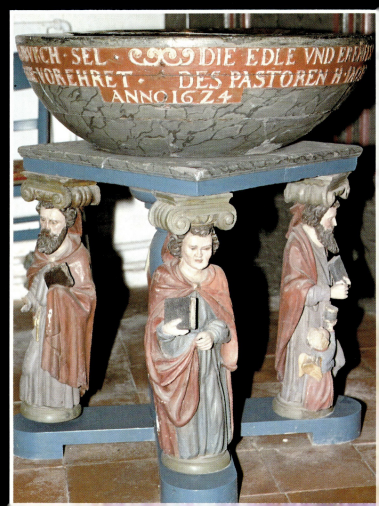

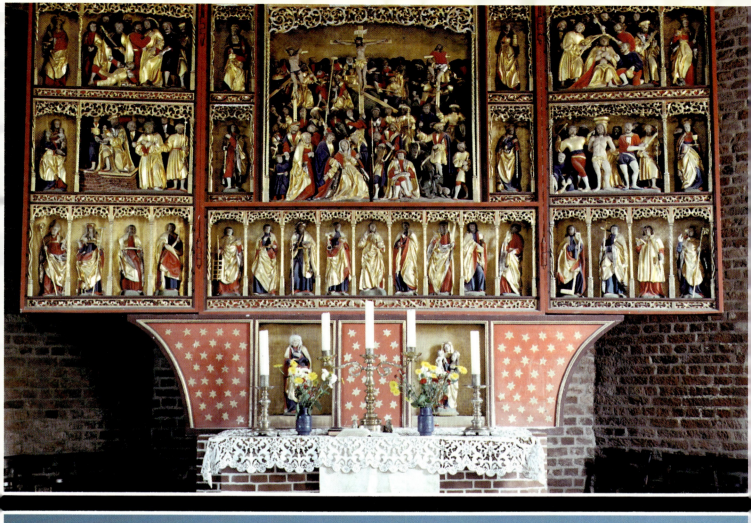

Kindtaufe beim Bauern Peter Georg Johannsen im Elisabeth-Sophien-Koog erfunden worden sein. Der damalige Pastor Gustav Bleyer, ein erklärter Alkoholgegner, war für den Gastgeber der Anlaß, den Rum für seine Gäste im Kaffee und unter Sahne zu verstecken. Als der Pastor das Spiel entdeckte, soll er die Festgesellschaft Pharisäer genannt haben – womit die gute Erfindung sogleich noch ihren eingängigen Namen hatte.

# Rostroter Fels im Meer

*Das heilige Land der Friesen*

Grön is dat Land, rot is de Kant, witt is de Sand, dat sin de Farben von Helgoland. Die Helgoländer Wappenfarben Grün, Rot, Weiß sind das wohl beständigste Element in der wechselvollen Geschichte der heute so friedlich anmutenden und so einmaligen Insel mitten in der Deutschen Bucht. Die heute gerade noch 1,5 Quadratkilometer große Felseninsel war ursprünglich etwa dreißig Mal so groß und schon zur Bronzezeit besiedelt. Damals gab es neben dem roten und einem weißen Felsen auch noch einen schwarzen Felsen mit Kupferadern. Seit auf dem Meeresboden im Süden der Insel Rohkupferkuchen, Schlacken und Ofenreste gefunden wurden, ist bewiesen, daß noch vor etwa achthundert Jahren auf Helgoland Kupfererz verhüttet wurde. Genutzt aber hatten die Helgoländer dieses Kupfer schon in der Bronzezeit, wie Spuren im ganzen nordeuropäischen Raum beweisen.

Den Friesen galt Helgoland als «heiliges Land», was jedoch weder Fischer, Schmuggler noch Seeräuber daran hinderte, hier Unterschlupf zu suchen. Für rund dreihundert Jahre herrschten dann die Herzöge von Schleswig, bis die Insel 1714 an Dänemark fiel. Hundert Jahre später traten die Engländer die Herrschaft an, doch gelang es dem Deutschen Reich, am 1. Juli 1890 die Insel im Tausch gegen Sansibar von England zu erwerben. Was die Engländer als exzellentes Geschäft ansahen, sollte ihnen ein halbes Jahrhundert später größte Kopfschmerzen bereiten. Bis dahin nämlich hatten die Deutschen aus der Insel einen wohlbefestigten U-Boot-Stützpunkt gemacht und auf der aufgespülten Düne einen Militärflugplatz errichtet. Dieses Ärgernis vor der eigenen Haustür wollten die Briten mit einem konzentrierten Bombenangriff mit über tausend Flugzeugen am 18. April 1945 völlig auslöschen, um damit den aus ihrer Sicht schlechten Handel vom vorigen Jahrhundert endgültig zu korrigieren. Weder dieser noch ein zweiter Versuch zwei Jahre später mit immerhin 6700 Tonnen Sprengstoff führte allerdings zum gewünschten Ergebnis. Noch einmal fünf Jahre später konnten dann die Deutschen mit dem Wiederaufbau beginnen.

Heute ist Helgoland eine begehrte Badeinsel und für rund eine Million Besucher im Jahr das attraktive Ziel für einen Tagesausflug. Für sie alle beginnt das Abenteuer Helgoland bereits bei der Ankunft. Die weißen Seebäderschiffe dürfen nämlich nicht im Hafen festmachen, weil die Helgoländer Fischer sich das Privileg ausbedungen haben, die Gäste selbst an Land bringen zu dürfen. Die großen Dampfer bleiben deshalb auf Reede, wo die Besucher von den robusten weißen Börtebooten abgeholt und am Abend wieder hingebracht werden.

Erstes Ziel der meisten Tagesbesucher ist fast ausnahmslos der Weg über die hohen Klippen und damit zum Farbenspiel zwischen dem Blau des Meeres, dem Weiß der Wellen und dem Rot der senkrechten Felsen. Spätestens dann stellt sich die Frage, wie die Felsen ausgerechnet hierher kamen und wie sie zu dem wurden, was sie heute sind. Zur Antwort muß man immerhin gut 220 Millionen Jahre zurückschauen, als das gesamte heutige Norddeutschland von einem sehr salzigen Binnenmeer bedeckt war. Bei seiner Verdunstung entstand ein bis zu fünfhundert Meter dickes Salzlager, über dem sich später eine rund siebenhundert Meter dicke Gesteinsschicht ablagerte.

Weil das Salz ihrem Gewicht nicht gewachsen war, gab es dort nach, wo die Deckschicht am schwersten war und ließ dafür kippende Deckschichten einbrechen. An den aufsteigenden Seiten der kippenden Platten drängte das Salz dafür bis nach oben nach. Für Helgoland begann dieser Vorgang vor etwa 65 Millionen Jahren und endete vor rund zwei Millionen Jahren. Die schräge Schichtung des Buntsandsteins über Muschelkalk und Kreide belegt bis heute den Kippvorgang beim Einbruch der schweren Schichten.

Neben dem roten gab es bis vor rund 250 Jahren auf Helgoland auch noch einen weißen Felsen, die heute rund 1,5 Kilometer breite Seerinne zwischen der Insel und ihrer Düne fehlte noch völlig. Roter und weißer Fels waren etwa gleich hoch, und nur die *Witteklyppe* hatte wirtschaftliche Bedeutung. Sie nämlich diente den Hamburgern als Steinbruch für die Gewinnung von Kalk und Gips. Erst 1711 ging der letzte Rest des weißen Felsens in der stürmischen See unter, neun Jahre später zerriß eine Sturmflut die Verbindung zwischen rotem und weißem Felsen. Auf den Resten des weißen Felsens bildete sich schließlich nach und nach die heutige Düne.

Doch auch der rote Fels blieb von der fortwährenden Einwirkung von See und Witterung nicht verschont. Wind, Frost und nagende Wellen knabberten stets solange neue Nischen, Höhlen und Brandungstore in den Felsen, bis wieder eine ganze Scheibe der Wand den Halt verlor und ins Meer stürzte – den nagenden Wellen die nächste Scheibe zur Zerstörung freigebend. Markantestes Beispiel dieses Zerstörungswerkes ist das Wahrzeichen der Insel, die *Lange Anna.* Der gut fünfzig Meter hohe Felspfeiler an der Nordwestecke der Insel ist der letzte Rest eines ehemaligen Felsentores, das auf vier Säulen stand, das die Helgoländer *Hengst* nannten und das 1858 bis auf die Lange Anna zusammenbrach.

Lediglich dem Zerstörungswerk der Wellen konnte die moderne Ufersicherung bisher Einhalt gebieten, Wind und Frost dagegen nagen eifrig weiter an

Helgolands Wänden. Weil der gesamte Fels keineswegs kompakt sondern vielmehr von zahllosen Rissen, Klüften und Spalten durchzogen ist, geschieht es immer wieder, daß von oben her gelockerte Felsmassen von den Klippen abstürzen. Unterstützt wird die Arbeit des Wassers und des Frostes durch eine Eigenart im Aufbau des Sandsteinfelsens. Seine Schichten nämlich sind keineswegs gleich fest. Eher tonige, festere Schichten wechseln mit dickbandigen, weichen und eher sandigen Schichten, die der scharfe Wind nach und nach auszublasen vermag. Werden die so geblasenen Löcher zu groß, sorgt das Gewicht des darüber frei hängenden Steins für den nächsten Abbruch: Beim nie ermüdenden Wind ein Vorgang ohne Ende.

## Oberland, Felswatt und Düne

Eigentlich müßte ja auch die ebene Abplattung des Helgoländer Felsmassives eine schiefe, um 18 Grad von West nach Ost fallende Ebene sein. Daß sie nicht mehr vorhanden ist, haben die Gletscher der letzten Eiszeit bewirkt. Vor gut 100 000 Jahren strömte das skandinavische Inlandeis in die Deutsche Bucht. Diesen Gletscherströmen stand Helgoland wie ein Brückenpfeiler im Weg, den die Eismassen an den Seiten und besonders natürlich an der Oberfläche abhobelten. Wie alle Gletscher brachten auch die skandinavischen ein reichhaltiges Geschiebe aus Urgesteinen mit, von dem nach Abschmelzen des Eises eine reiche Auswahl auf der Oberfläche der Insel zurückblieb. Noch heute kann man einzelne Beispiele trotz der Pflügearbeit der englischen Bomben im Gras des knapp sechzig Meter hohen Plateaus finden.

Das eigentlich Faszinierende einer Wanderung auf Helgolands Oberland hinauf aber sind die Westklippen mit den zahllosen Nestern der felsbrütenden Vögel. Während der Brutzeit im Frühsommer herrscht hier ein tosendes Vogelgeschrei, kein auch nur halbwegs ebenes Plätzchen ist dann in den Felswänden unbesetzt. Nicht immer ist Brutzeit, stets aber ist die Stimmung am Klippenwanderweg zwischen Leuchtturm und Nordspitze je nach Tages-, Jahreszeit oder Wetter anders. Von der Romantik lauer Sommerabende über die Dramatik winterlicher Sturmtage bis hin zum gleißenden Licht einer jungfräulichen Schneedecke reicht die Spannweite.

Eine völlig andere, jedoch kaum weniger vielfältige Welt öffnet sich bei niedrigem Wasserstand zu Füßen der roten Felsen. Hier bilden die harten Buntsandsteinköpfe das einzige Felswatt des gesamten deutschen Nordseebereichs. Wo überall sonst Sand und Schlick den Übergangsbereich zwischen Ebbe und Flut ausfüllen, bildet hier der Helgoländer Buntsandstein mit seinem von der See modellierten Felssockel einen amphibischen Lebensbereich ohnegleichen.

Die von der See unterschiedlich abgenagten Schichtköpfe bilden eine Holperlandschaft, in der jede Neigung vorkommt, nur nicht die Horizontale. Kleine Löcher wechseln mit breiten Rinnen, die parallel zu Verwerfungslinien oder entlang von weicheren und deshalb mehr ausgebrochenen Schichtköpfen verlaufen. Die tieferen von ihnen bleiben auch bei Ebbe wassergefüllt und bilden damit das Refugium für all die Lebewesen, die das Trockenfallen nicht vertragen würden, dank der Tümpel im Felswatt jedoch heimisch werden konnten. Im Gegensatz zum «normalen» Watt weist das Felswatt einen teils kräftigen Bewuchs mit Grünalgenrasen und Tangbüscheln auf.

An der Art der verschiedenen Algen läßt sich genau Überflutungsdauer und Überflutungshöhe ablesen. Während die niederwüchsigen Grünalgen auf den nur kurze Zeit überspülten obersten Flutbereich begrenzt sind, ist der mittlere und untere Bereich von den Braunalgen und den verschiedenen Formen des Blasentangs beherrscht. Gegen die Niedrigwasserlinie hin herrscht der Sägetang vor, der nahezu doppelt so lang wächst wie seine Vettern und Basen mit den luftgefüllten Blasen.

Noch einmal eine Zone tiefer und unterhalb der Ebbelinie bietet der Helgoländer Felssockel besonders großwüchsigen Tange eine in deutschen Gewässern einmalige Heimat. Während der schlanke Fingertang und der etwas dickere Keulentang etwa zwei Meter Länge erreichen, wird der glattblättrige Zuckertang mit seinen gelb bis schokoladenbraun gefärbten, bis zu dreißig Zentimeter breiten Blättern über vier Meter lang und repräsentiert damit die größte Algenart an der europäischen Atlantikküste.

Die unterschiedlichen Tangarten haben auch unterschiedliche Überlebensstrategien für das Trockenfallen bei Ebbe entwickelt. So helfen sich Blasen- und Sägetang mit der Absonderung eines stark quellenden Schleims, der Tapetenkleister nicht unähnlich ist und das Austrocknen verhindert. Andere Algen wie etwa der Hauttang versuchen erst gar nicht, ihre Flüssigkeit zu speichern, lassen sich trocknen und sehen dann schnittreifem Tabak ähnlich. Kommt das Wasser zurück, quellen sie sofort wieder auf.

Auch gegen ihr größtes Problem im Felswatt haben sich die Algen gut gerüstet. Ein Platzregen bei Ebbe nämlich würde den Salzhaushalt und damit eine ihrer wichtigsten Existenzgrundlagen durcheinanderbringen. Deshalb hat jede Art für sich äußerst sinnvolle Reaktionen entwickelt, um den Regen nicht mit der auflaufenden Flut zu verwechseln und die Aufnahme des gefährlichen Süßwassers zu verhindern.

Für einen Ausflug auf die Düne schließlich muß man sich den Börtebooten zur Überfahrt anvertrauen. Zur Belohnung gibt es dafür die Bademöglichkeit im einzigen offenen Hochseestrand der Deutschen Bucht. Selbst wenn gerade kein Badewetter ist, lohnt sich der Besuch der Düne, da ihr Sand ja nichts anderes ist als ein wandernder Hut auf den obersten Bruchflächen der *Witteklyppe*. Wo immer sie und ihre etwa fünf Meter starke oberste Kreideschicht zutage tritt, finden sich in ihren Geröllen fossile Ammoniten, Belemniten, Brachiopoden und die verschiedensten Fische. Gar nicht so selten sind die von den Helgoländern «Glückssteine» genannten, versteinerten Seeigel zu finden, die mit ihren fünffachen Einschnürungen aussehen wie gemalt und nicht umsonst als Glücksbringer begehrt sind. An Tagen mit besonders niedrigem Wasserstand werden am Nordstrand der Düne zudem die obersten Schichtköpfe der oberen Kreideschicht frei. Ihre Gerölle aus Muschelkalk und Kreide sind dann für den Fossiliensammler ganz besonders ergiebig.

## *Die Vogelinsel*

Helgoland ist nicht nur das Tagesziel menschlicher Zugvögel, die Insel ist vor allem die Relaisstation beim Vogelzug im Frühjahr und im Herbst. Riesige Scharen vielfältigster Arten ziehen dann über die Insel, nützen sie zur Rast und Erholung und fliegen von hier aus weiter in ihre Sommer- beziehungsweise Winterquartiere. Schon früh zog es deshalb Ornithologen nach Helgoland, die seit etwa 1840 auf der Insel arbeiten. Seit dem 1. April 1910 besteht die Vogelwarte als Station wissenschaftlicher Arbeit. Seit 1899 der dänische Lehrer Hans Christian Mortensen auf die Idee mit der Beringung der Vögel kam, kennzeichnet man einzelne Vögel individuell, um sie mit etwas Glück in ihrem weiteren Verhalten verfolgen zu können. Zur Beringung der Vögel gibt es eine eigene Vogelkoje, um sie einzufangen.

Nach der Bestimmung von Art, Alter, Geschlecht und Gewicht erhält der Vogel für den Weiterflug seinen individuellen Ring. Nach und nach konnten auf Helgoland über vierhundert verschiedene Vogelarten nachgewiesen werden, bis 17000 Vögel werden pro Jahr so behandelt. Trotz der geringen Zahl wiedergefundener Ringe hat das Verfahren doch nach und nach dazu geführt, daß das Verhalten der einzelnen Arten durchsichtiger wurde, daß von manchen regelrechte Karten mit genauen Zuglinien erstellt werden konnten und man Erkenntnisse darüber fand, zu welchen Leistungen die Vögel fähig sind.

Für den Tagesbesucher immer noch am eindrucksvollsten aber ist die Beobachtung der Lummen und Dreizehenmöwen, wenn sie im Frühsommer für ihr Brut- und Aufzuchtsgeschäft die kleinen Bänder und Nischen in den Steilwänden der Helgoländer Klippen besetzt haben. Weil für die Lummen die Helgoländer Felswand *der* Vogelfelsen im südlichen Atlantik ist, steuern in der zweiten Aprilhälfte Tausende von Lummen aus dem hohen Norden gleichzeitig ihren Brutplatz an. In aufgeregter Balz finden sie sich zu Paaren und bleiben trotz oder wegen der drangvollen Enge während des gesamten Brutgeschäftes und der anschließenden Aufzucht treue Ehepartner. Jede Lummenmama legt nur ein einziges grünweißliches, schwarzgesprenkeltes Ei, das zudem eher an eine Birne als an ein Ei erinnert.

Diese Eiform ist unbedingt nötig, denn die Lummen bauen kein Nest, sondern legen ihr Ei auf den blanken Fels beziehungsweise auf ihre Füße, und decken es mit dem warmen Daunenkleid zu, ohne sich ganz auf das Ei zu setzen. Allein schon deswegen erinnern brütende Lummen so stark an Pinguine. Da sich die Paare beim Brüten fleißig abwechseln, muß das Ei jedesmal vorsichtig von den Füßen der einen zu den Füßen der anderen Lumme gerollt werden. Wenn da das Ei rund wäre ...

Jedes Lummenpärchen kennt ganz genau sein Ei, die Partner erkennen sich gegenseitig an der Stimme. Sobald das Junge geschlüpft ist, wechseln sich die Eltern ab. Ein Partner bleibt beim Jungen, der andere geht auf Nahrungssuche. Kommt eine Lumme erfolgreich von ihrer Unterwasserjagd zurück, lockt sie das Junge mit zarten Lauten unter den wärmenden Federn des Partners hervor und läßt sich den erbeuteten Fisch aus dem Schnabel schnappen. Daß keines der Nachbarkinder auf den Lockruf der ihm fremden Lumme reagiert, beweist, daß jede Familie ihr eigenes Verständigungssignal, ihren eigenen «Familienpfiff» hat.

Wie wichtig dieses Familiensignal ist, wird spätestens dann ganz verständlich, wenn die Jungen soweit ausgewachsen sind, daß es Zeit wird, daß sie sich ihre Nahrung selbst suchen. Dafür aber müssen sie vom schützenden Band im Buntsandstein hinunter in ihr eigenes Element, das Meer. Wie aber macht man das, wenn man noch unterentwickelte Flügel hat und das Fliegen sowieso noch nie probiert hat? Die entscheidende Hilfe bringt in dieser kniffligen Situation das Familiensignal.

Zunächst gibt es für den Nachwuchs fast den ganzen Tag kein Futter. Dann beginnt der eine Familienteil vom Wasser aus mit den zärtlichen Lockrufen, die

# Bildkommentare

Seite 161:
*Wie eine vorwitzige Nase schiebt sich die Halbinsel* Eiderstedt *in die Nordsee. Ihre Nordwestspitze sichert der malerische Leuchtturm von* Westerhever.

Seite 162:
*Das Wattenmeer ist die Heimat zahlreicher Vögel. Die Beispiele zeigen links oben den Säbelschnäbler, rechts oben den Rotschenkel, links unten die Brandgans und rechts unten den Rothalstaucher.*

Seite 163:
*Täglich zweimal fällt das Watt trocken, ohne daß dies seinen Bewohnern schadet. Wer das Wasser unbedingt braucht, schwimmt mit ihm. Alles übrige vergräbt sich im Schlick.*

Seite 164:
*In* Friedrichskoog *ist die Welt der Krabbenfischer noch einigermaßen in Ordnung. Sogar eine Kutterwerft gibt es hier noch.*

Seite 165:
St. Peter-Ording *an der äußersten Westspitze Schleswig-Holsteins lockt mit einem gut elf Kilometer langen Sandstrand.*

Seiten 166/167:
Tönning *war einst Nebenresidenz der Gottorfer Herzöge. Der richtige Wohlstand kam aber erst mit der napoleonischen Kontinentalsperre. Zwischen 1803 und 1806 gab es deshalb in Tönning einen Seehandel, der den Hamburgs weit übertraf. Heute ist dies alles Vergangenheit, gewichen der Idylle alter Bürgerhäuser mit holländischem Anklang.*

Seite 168:
*Der fette* Dithmarscher *Boden schenkt den Bauern stets fette Ernten. Da kann es schon mal vorkommen, daß die Schafe den überschüssigen Kohl abweiden dürfen.*

Seite 169:
*Bester Ausdruck bäuerlichen Wohlstandes sind die mächtigen Haubarge, unter deren gewaltigen Dächern Ernte, Vieh und Menschen Platz fanden. Der obere steht bei* Kotzbüll, *der untere bei* Uelvesbüll.

Seite 170:
Friedrichstadt *ist Schleswig-Holsteins schönstes Städtchen. Gebaut wurde die Gründung nach Plänen von Herzog Friedrich III. durch holländische Siedler ab 1621.*

Seite 171:
*Im Westen Schleswig-Holsteins gibt es besonders schöne Hoffassaden. Die Beispiele entstanden im 17. und 18. Jahrhundert.*

Seite 172:
*Die Blaue Stube ist im Waldhusenhof auf* Pellworm *zu finden (oben), die Friesenstube mit dem eisernen Ofen auf der Hallig* Langeneß.

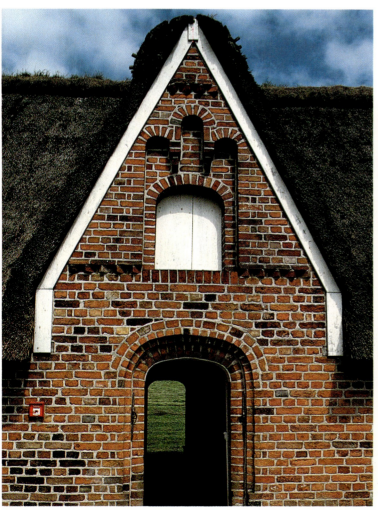

bisher stets Futter verheißen haben. Der wachsende Hunger und das Vertrauen auf das Muttersignal bringt die junge Lumme schließlich soweit, daß sie die Ängste vor der Tiefe überwindet, sich vom Sandbalkon abrutschen läßt und mit wildem Schlagen der Flügelstummel den Sturz mildernd in ihrem eigentlichen Element landet. Als wäre nichts gewesen, kommt der zweite Elternteil nach und die ganze Familie schwimmt unverzüglich hinaus ins Meer, zur Jagd, zum Leben.

Wer auf Helgoland mehr erleben möchte als nur den obligaten Spaziergang über den Klippenrandweg und den gewiß günstigen Einkauf von zollfreiem Schnaps und Zigaretten, der vertraue sich zwei Fachführungen an. Die eine wird zweimal wöchentlich von der Vogelwarte durchgeführt und umfaßt den Vogelfanggarten und während der Brutzeit den Lummenfelsen. Zu beachten ist dabei, daß die Lummen nur von Ende April bis Ende Juni, die Dreizehenmöwen und die Eissturmvögel nur bis Ende August zu beobachten sind.

Die zweite Führung geht in das Helgoländer Felswatt mit seiner einzigartigen Algenflora. Weil vieles, was hier gefunden werden kann, an keiner anderen deutschen Küste vorhanden ist, bekommt man die notwendigen Erklärungen für das Fremde und Neue nur vom fachkundigen Führer. Er vermag zudem Zusammenhänge aufzuzeigen, die auch dem Nichtfachmann eine völlig neue Welt eröffnen, eine Welt, die immer noch einzigartig ist in der deutschen Nordsee.

# Land an Eider und Treene

## Sperren im Katinger Watt

Mit rund 190 Kilometern ist die Eider der längste Fluß Schleswig-Holsteins und weitgehend die Grenze zwischen den beiden Landesteilen Schleswig im Norden und Holstein im Süden. Ihre Quelle liegt im Hügelland südlich von Kiel, ihr wechselvolles Leben beginnt aber so recht erst im Naturpark Westensee. Vor Rendsburg kommt sie als Obereider in den Nord-Ostseekanal, in Rendsburg wird sie zum Eiderhafen aufgestaut. Unterhalb von Rendsburg heißt sie Binneneider und schlängelt sich nun durch weitläufige Marschen und Moore.

Immerhin waren ihre letzten hundert Kilometer bis zur Mündung ursprünglich tidenabhängig, so daß selbst Rendsburg bei Sturmfluten noch gefährdet war. Deshalb versuchte man schon im Mittelalter, den Oberlauf und die Zuflüsse Sorge und Treene gegen den Tideneinfluß abzudämmen. Dennoch war das gesamte Hinterland für Jahrhunderte äußerst sturmflutgefährdet und auf künstliche Entwässerung angewiesen.

Endgültig Abhilfe wurde erst mit dem 1972 fertiggestellten Eidersperrwerk, dem größten deutschen Küstenschutzwerk überhaupt, geschaffen. Mit einem 4,8 Kilometer langen und 8,5 Meter hohen Damm gelang es, die schleswig-holsteinische Deichlinie um gut sechzig Kilometer zu verkürzen und gleichzeitig das gesamte Umland des Eidertrichters vor Überflutung zu sichern. Für den Abfluß der Eider sorgt jetzt ein eigenes, gut dreihundert Meter langes Sperrwerk, durch das auch noch die kürzeste Zufahrtsstraße zur Halbinsel Eiderstedt im Tunnel geführt ist. Fünf je vierzig Meter breite Sieltore können je nach Tidenstand geschlossen oder geöffnet werden, um abwechselnd das Eindringen von Seewasser zu verhindern oder das Abfließen von Süßwasser zu ermöglichen.

Schon bald nach der Fertigstellung des Eidersperrwerkes konnte auch daran gegangen werden, den Mündungstrichter selbst zu verkleinern. So wurde bereits 1973 das Katinger Watt im Nordosten des Eiderdammes eingedeicht und damit eine Vogelfreistätte ganz eigener Art geschaffen. Säbelschnäbler, Kiebitze, Regenpfeifer, Austernfischer, Rotschenkel, Seeschwalben und sogar die inzwischen selten gewordenen Lachsseeschwalben nahmen von der neuen Brutmöglichkeit ganz selbstverständlich Besitz.

Landeinwärts des neuen Eidersperrwerks dehnt sich heute beschauliche Landschaft aus. Kaum noch etwas ist davon zu spüren, wie rege hier einst der Verkehr war. Vor allem die Treene diente als wichtiger Zubringer zum Atlantik, über sie wanderten im 5. Jahrhundert die Angeln nach England aus. Im frühen

Mittelalter dann vermittelte die Treene den Warenumschlag zwischen Nord- und Ostsee und trug damit wesentlich zum Aufstieg Haithabus bei Schleswig bei.

In der Neuzeit profitierte von der Eider als Verkehrsweg vor allem Tönning, die einstige Nebenresidenz der Gottorfer Herzöge. Herzog Johann Adolf erhob die Siedlung 1590 zur Stadt, nachdem sein Vater kurz zuvor ein Schloß hatte errichten lassen. Es wurde ab 1644 mit seinen fünf trutzigen Türmen zur Hauptfestung der hohen Herren. Das wiederum rief die Dänen auf den Plan, die während einer Belagerung im Jahre 1700 die Anlage schwer beschädigten und 1714 die Festungswerke schleiften. 1735 folgte darauf leider der Abbruch.

Neuen Wohlstand brachte der 1784 eröffnete Schleswig-Holstein-Kanal, der bei Tönning in die Nordsee mündete. Durch ihn und vor allem dann durch die Kontinentalsperre Napoleons gab es in Tönning zwischen 1803 und 1806 einen Seehandel, der jenen Hamburgs weit übertraf. Heute allerdings ist all dies nur noch Vergangenheit, gewichen der Idylle alter Bürgerhäuser mit holländischem Anklang.

Die schönsten Giebelhäuser stehen noch heute in der 1648 angelegten *Neustraße*, ihre Blütezeit zu Beginn des 19. Jahrhunderts belegen noch zahlreiche, liebevoll geschnitzte Haustüren. Die Laurentius-Kirche am weiträumigen Marktplatz beherrscht seit 1706 durch ihren von Nikolaus Wilhelm Fischer nach Hamburger Vorbild errichteten Barockturm das Stadtbild. In ihrem Inneren ist vor allem das große barocke Deckenbild von Barthold Conrath beachtenswert. Die 1704 fertiggestellte illusionistische Malerei ist direkt auf die Deckenbretter der barocken Holztonne gemalt.

Von Eider und Treene gleichzeitig profitierte schließlich Schleswig-Holsteins schönstes Städtchen. Friedrichstadt geht als planmäßige Gründung auf die Barockzeit zurück. Damals lockte Herzog Friedrich III. von Schleswig-Holstein-Gottorf mit dem Privileg der freien Religionsausübung ab 1621 zunächst die in den Niederlanden verfolgten Remonstranten und später auch Angehörige anderer Konfessionen an. Sie alle ließ er nach festem Plan die neue Stadt aufbauen, wobei die Siedlung nach holländischem Vorbild nicht nur durch die Haustypen und die Anlage von Grachten ganz niederländischen Charakter erhielt. Auch politisch folgte man dem niederländischen Vorbild und schuf eine republikanische Verfassung, die zwei vom Herzog nahezu unabhängige Bürgermeister vorsah.

Während der ehrgeizige Herzog Friedrich am Zusammenfluß von Eider und Treene eine Handelsmetropole als Konkurrenz zu Hamburg entstehen lassen wollte, schufen die Angehörigen von zeitweilig bis zu sieben unterschiedlichen Konfessionen ein gemütliches «Venedig des Nordens» oder ein kleines nach Friesland verschlagenes Amsterdam. Auch wenn die eine oder andere Gracht wie etwa das heutige *Stadtfeld* inzwischen zugeschüttet wurde, könnte das im 17. Jahrhundert Erbaute trotzdem auch heute noch mitten in Holland stehen. Zentrum ist nach wie vor der Stadtplatz mit seinem malerischen, überdachten Marktbrunnen und der steinernen Bogenbrücke von 1773. Von ihr aus präsentiert sich die geschlossene Front der Westseite mit ihren so typisch niederländischen Stufengiebeln am besten.

Das Paladanus-Haus in der Prinzenstraße 28 ist das wohl schönste Haus aus der Gründerzeit Friedrichstadts. Gebaut wurde es 1637 mit einer breiten, fünfachsigen Treppengiebelfront, in der sich nicht weniger als 18 Fenster verschiedener Größe, verteilt auf fünf Geschosse, hervorragend miteinander vertragen. Ganz nach Amsterdamer Vorbild ist auch der oberste Abschluß des Giebels mit einem das Ganze bekrönenden Obelisken ausgebildet. Prunkvolle Schnitzereien finden sich vor allem im Oberlichtbereich der spätbarocken Haustür. Noch einige Jahre älter sind das Grafenhaus von 1622 oder die Alte Münze von 1626.

Den Lutheranern gehört die älteste Kirche von Friedrichstadt. Jakob van der Meulen erbaute sie bis 1649, der Westturm mit seiner fein geschwungenen Haube und der zierlichen Laterne kam 1762 dazu. Die Saalkirche mit polygonalem Chor birgt einen der Höhepunkte barocker Malerei in Schleswig-Holstein. Stifter und Schöpfer des Altars war der in Friedrichstadt ansässige Hofmaler und Rembrandt-Schüler Jürgen Ovens, der das großformatige Ölgemälde mit der Beweinung Christi 1675 fertigstellte. Kaum weniger wertvoll ist die hervorragend gearbeitete Schnitzkanzel aus dem ersten Viertel des 17. Jahrhunderts. In ihren Feldern sind unter Muschelböden Szenen aus der Leidensgeschichte dargestellt.

## *Auf Schleswig-Holsteins Nase*

Wie eine Nase schiebt sich die Halbinsel Eiderstedt rund dreißig Kilometer und damit nur noch halb so weit in die Nordsee hinaus wie vor der großen Sturmflut 1362. Damals blieben drei große Einzelinseln zurück: Utholm, Everschop und Eiderstedt. Noch im Mittelalter wurden sie durch Dämme miteinander verbunden, 1489 gelang die Abdämmung eines ins nordfriesische Wattenmeer mündenden Nebenarmes der Eider. Noch heute erinnern die drei Schiffe im nordfriesischen Wappen an die einstige Dreiteilung Eiderstedts. Heute ist die «Nase» reiches Bauernland mit großen Höfen inmitten von fettem Weideland, mit gemütlichen Fischerhäfen und bescheidenen Landstädtchen.

Bester Ausdruck des bäuerlichen Wohlstandes sind die mächtigen Haubarge, die riesigen, in Ständerbauweise errichteten Hofgebäude, unter deren gewaltigen Reetdächern die gesamte Ernte, das Vieh und die Menschen Platz fanden. Nicht selten zieren Schnitzwerk und Bemalung diese Höfe, wie etwa die beiden Drescher am Tor des Olufhofes in Katharinenherd.

Der Rote Haubarg bei Uelvesbüll ist ein besonders schönes Beispiel eines solchen Riesenhauses. Der Hof wurde nach der Sturmflut von 1634 errichtet und erhielt seinen Beinamen «Rot», weil er ursprünglich mit den damals sehr viel teureren roten Ziegeln gedeckt war. Rückgrat des Ständerbaus sind acht Einzelständer, die Firsthöhe des Daches beträgt stolze 17 Meter. Heute enthält der Hof eine Sammlung alten bäuerlichen Geräts und kann deshalb besichtigt werden.

Auch die Kirchen künden vom Reichtum der Marschbewohner. Nicht umsonst wird Eiderstedt die «Insel der historischen Kirchen» genannt. Wer sich von Kirchturm zu Kirchturm leiten läßt, wird kein einziges Mal enttäuscht werden. In jedem der teils sehr alten Bauwerke lassen sich immer wieder neue Schätze entdecken. So gibt es nicht weniger als elf, jeweils wunderschön geschnitzte Kanzeln, alle aus dem 16. Jahrhundert und alle nach dem «Eiderstedter Typ» gefertigt. Hervorragend geschnitzte Abendmahlsbänke sind ebenso zu finden wie reich verzierte Chorgestühle oder prächtig gearbeitete Schnitzaltäre. So findet sich etwa in Tetenbüll ein spätgotischer Schnitzaltar von 1523, der aus der Husumer Werkstatt von Hans Brüggemann stammt, jenem Künstler, der den berühmten Bordesholmer Altar im Dom zu Schleswig geschaffen hat.

Zu den alten Siedlungen auf Eiderstedt zählt Garding, das auf einem Geestrücken der alten Insel Everschop liegt. Zur Erinnerung an die alte Dreiteilung sprach man hier noch bis ins 19. Jahrhundert hinein von den *Drei Landen*. Enge Beziehungen zu den Niederlanden sorgten auch hier dafür, daß Haus, Geräte, Trachten und Kunstschätze in den Kirchen ihren niederländischen Charakter nicht verleugnen können. Auch das Konstruktionsprinzip für die Haubarge geht auf die Holländer zurück. Tatkräftige Förderer allerdings waren die Gottorfer Landesherren, die der Siedlung 1575 das Waageprivileg, verbunden mit dem Marktrecht, und 1590 zusammen mit Tönning das Stadtrecht verliehen. Im Jahre 1612 wurde Garding sogar mit einem eigenen Kanal, der Süderbootfahrt, an die Eider angeschlossen, um die Landesprodukte besser vor allem nach Holland verschiffen zu können. Erst mit dem Eisenbahnanschluß im Jahre 1892 wurden Kanal und Hafen überflüssig und zugeschüttet.

Die Gardinger Kirche geht auf das 12. Jahrhundert zurück, hat ein romanisches Schiff mit einem Querhaus, im Westen einen Turm aus dem 13. Jahrhundert und im Osten einen gewölbten Chor aus gotischer Zeit. Schiff und Querhaus wurden in der Spätgotik gewölbt, aus derselben Zeit stammen Reste der ersten Ausmalung. Den Gemäldeflügelaltar steuerte Marten van Achten 1596 bei, der Orgelprospekt ist sogar fast ein Jahrhundert älter. Er dürfte 1512 in einer Lübecker Werkstatt entstanden sein und ist der älteste Orgelprospekt des Landes.

An der äußersten Spitze von Schleswig-Holsteins Nase liegt Sankt Peter-Ording mit seinem gut elf Kilometer langen Sandstrand, den nicht nur die flotten Strandsegler, sondern sogar die Autofahrer befahren dürfen. Das moderne Sankt Peter-Ording bietet natürlich alles an, was sich ein Badegast nur wünschen kann. Das Eiderstedter Heimatmuseum, untergebracht in einem langgestreckten Bauernhaus aus dem 18. Jahrhundert, steuert dazu noch bäuerliches und kirchliches Ausstellungsgut aus der Umgebung bei.

## Dithmarscher Bauernland

Auch Schleswig-Holsteins südwestlichste Ecke ist vollständig vom Wasser eingeschlossen: Dithmarschen ist im Norden von der Eider umflossen, im Osten vom Nord-Ostsee-Kanal begrenzt, im Süden fließt die Elbe und im Westen bildet das Wattenmeer den Übergang zur Nordsee. Die Küstenlandschaft war stets von Bauern, nie von Fürsten geprägt. Wem die Eindeichung und Kultivierung des fruchtbaren Marschlandes gelang, wurde und blieb sein Herr – lange Jahrhunderte sogar gegen alle Übergriffsversuche der Fürsten. Aus Siedlungs- und Rechtsschutzverbänden hatten die alten Bauerngeschlechter ihre eigene Bauernrepublik gegründet, 1477 wurde der *Rat der 48 Geschlechter* gebildet mit der Aufgabe, ein eigenes Landesrecht zu verabschieden und eine eigenständige Regierung zu bilden.

Parallel zur Kultivierung der Marsch erfolgte ihre Christianisierung. Noch unter Karl dem Großen wurde die Kirche in Meldorf als Zentrum der Mission begründet und eine kleine Feldsteinkirche errichtet. Dieses Kirchlein diente zugleich als Mutter- und Taufkirche für alle anderen in Dithmarschen gebauten Kirchen und wurde darüber hinaus auch als eine Art «Rathaus» der Bauern verwendet. Hier wurden die wichtigsten Urkunden verwahrt, und hier gab es zweimal im Jahr unter freiem Himmel eine Zusammenkunft der Bauern zwischen

Eider und Elbe, bei denen Streitigkeiten geschlichtet und Verträge ausgehandelt wurden. 1127 schließlich erhielten die Dithmarscher von Erzbischof Adalbert von Bremen den slawischen Mönch Vizelin als ersten eigenen Priester. Über vierhundert Jahre sollte es dann noch dauern, bis es König Friedrich zusammen mit den Herzögen Adolf und Johann Rantzau gelang, die Dithmarscher Bauern zu besiegen, die Bauernrepublik aufzulösen und die Herrschaft unter sich aufzuteilen.

Nördlichstes Dorf der ehemaligen Dithmarscher Bauernrepublik ist Lunden. Hier gilt es, den Geschlechterfriedhof an der alten Kirche zu entdecken. Auf zahlreichen Grabdenkmälern aus dem 16. und 17. Jahrhundert sind die wichtigsten Familien des Landes und ihre interessantesten Lebensepisoden vertreten. Auch Peter Swin ist hier begraben, der als Mitglied des 48er-Rates versucht hatte, ein Verbot der Blutrache und eine Besserstellung der auf den Höfen beschäftigten Knechte und Mägde zu erreichen. Weil das den Bauernfürsten gegen Ehre und Geldbeutel ging, wurde er 1537 auch prompt ermordet – Grund genug, diese Tat als Relief auf seinem Grabstein zu verewigen.

In das nahegelegene Wesselburen wird es vor allem die Literaturfreunde ziehen, ist dort doch die Heimat von Christian Friedrich Hebbel zu finden. In der im ursprünglichen Zustand belassenen Schreibstube des jungen Amtsschreibers ist noch das von ihm geführte *Vorforderungsprotokoll* zu sehen. Das Städtchen selbst wurde 1281 erstmals als *Wislincgeburin* (= Siedlung des Wesling) erwähnt. Eine Sache für sich ist seine Bartholomäuskirche. Ihr gotischer Vorgängerbau war 1736 durch Brand weitgehend zerstört worden. Dennoch gelang es dem Architekten Johann Georg Schott, sowohl die erhöhte Halbrundapsis des alten Chores als auch den romanischen Stumpf des westlichen Rundturmes in seinen Neubau zu integrieren. In ihrem Inneren beeindruckt die von fast lebensgroßen Figuren des in der Wüste predigenden Johannes und des Gesetzesverkünders Moses getragene Kanzel. Der romanische Taufstein ist kaum weniger schön als die beiden Eichenschnitzfiguren einer Maria und eines Johannes, Reste einer spätgotischen Kreuzigungsgruppe.

Während die Meer- und Wasserfreunde kaum den Abstecher zum größten Fischereihafen an der schleswig-holsteinischen Westküste und zum grünen Strand von Büsum versäumen werden, dürfte es die Kunstfreunde eher nach Heide, in das heutige Zentrum Dithmarschens ziehen. Dem gelang es erst im Laufe des 15. Jahrhunderts, dem vorigen Zentrum Meldorf den Rang abzulaufen. Entscheidend dabei waren die großen Viehmärkte, die am Kreuzungspunkt zweier wichtiger Überlandstraßen stattfanden. Ihr Überbleibsel ist bis heute der mit

BILDKOMMENTARE

Seite 181:
*Im schon 810 gegründeten* Itzehoe *spiegelt sich das malerische Ensemble aus Laurentius-Kirche und anschließendem Äbtissinnenhaus von 1696 im Stadtteich.*

Seite 182:
*Höfe aus dem Bauernland: der obere ist ein Bordesholmer Hof, der untere ein Süddithmarscher Hof von 1781. Beide Höfe stehen heute im Bauernhofmuseum* Kiel-Molfsee.

Seite 183:
*Das weiße Schloß am Rand von* Ahrensburg *entstand ab 1595 nach dem Vorbild von Schloß Glücksburg und war «mit unbeschreiblichen Kosten errichtet» worden.*

Seite 184:
*Wahrzeichen von* Glückstadt *ist der eigenartige Helm auf dem kubischen Westturm der 1619 geweihten Stadtkirche.*

Seite 185:
*Im 1895 fertiggestellten, knapp 100 Kilometer langen Nord-Ostsee-Kanal können die Hochseepötte einen Landausflug unternehmen und damit den Umweg um das Skagerrak sparen.*

Seiten 186/187:
*Je zwei große Schleusenpaare sorgen in* Brunsbüttel *und in* Kiel-Holtenau *für den Ausgleich tidenbedingter Wasserstandsunterschiede. Zwischen den Schleusen sichern rund 300 Lotsen rund um die Uhr den Betrieb auf dem meistbefahrenen Kanal der Welt.*

Seite 188:
*Schleswig-Holstein war zu allen Zeiten vor allem ein Land der Seefahrer. Zwar hat mancher Hafen inzwischen seine Bedeutung verloren, die mit der Seefahrt verbundene Sehnsucht aber ist geblieben.*

4,6 Hektar größte Marktplatz der Bundesrepublik. An seiner Südseite steht die dem Hl. Georg geweihte St. Jürgen-Kirche aus dem 15. Jahrhundert. In ihrem Inneren birgt sie gleich zwei Beispiele für das Renommierbedürfnis der neuen Dithmarscher Hauptstadt.

Es wird am augenfälligsten sichtbar an der barocken Fülle des Altaraufsatzes von 1699. Sie läßt so gar nichts mehr spüren vom reformatorischen Ansatz, daß Glaube und Gebet wichtiger seien als überladener Schmuck der Kirche. Hier konnten offensichtlich der Altar nicht formenreich, die Schnitzereien nicht schwungvoll genug sein. Üppigstes und auch ganz vergoldetes Akanthusschnitzwerk umwuchert die vielen Schnitzfiguren. Verspielte Putten sind ebenso wie ausgewachsene Engel und Evangelisten zur Verehrung des auferstehenden Christus angetreten. Daß der buchstäblich in die Kassettendecke hinein entschwebt, scheint niemanden gestört zu haben. Sehr viel echter, wenn auch ebenfalls wohl aus Repräsentationsbedürfnis entstanden, wirkt der heute an der südlichen Langhauswand aufgestellte, spätgotische Flügelschrein von 1520. Sein Mittelfeld zeigt in vielfigürlicher Darstellung die Beweinung, die Flügel sind mit Szenen aus Heiligenlegenden, darunter auch Georg mit dem Drachen, gefüllt.

Was den Dithmarscher Bauern in gemeinsamer Arbeit gelang, das ist noch heute in Meldorf zu sehen. Wo um 800 die älteste Taufkirche Nordelbiens entstanden war, hatte sich bis 1265 das alte Melindorp zum Zentrum Dithmarschens gemausert. Als Ausdruck des neu gewachsenen Selbstbewußtseins wurde der Bau einer neuen großen Backsteinkirche, eben der heutige Meldorfer Dom, beschlossen. Noch vor 1300 hatte man die dreischiffige, frühgotische Gewölbebasilika mit ihrem zweijochigen Langhaus fertiggestellt. Freskenreste in den Gewölben des Querschiffes zeugen noch heute von der damaligen Bemalung. Im nördlichen Gewölbe war die christliche Heilsgeschichte, in der Vierung die Christophoruslegende und im südlichen Gewölbe die Katharinenlegende dargestellt. Ebenfalls noch aus der Zeit um 1300 stammt das Bronze-Taufbecken mit seinen drei Tragfiguren.

Anfang des 16. Jahrhunderts kam der spätgotische Schnitzaltar in den Dom. Er bestand zunächst nur aus dem Mittelfeld mit der Kreuzigung und den vier Passionsszenen an den heute festgestellten Flügeln. Die zwei bemalten Außenflügel mit je acht Szenen aus der Leidensgeschichte kamen erst Ende des Jahrhunderts dazu.

Ganz dem Geist der Renaissance und der nachreformatorischen Weltsicht entspricht das 1603 fertiggestellte, aus Eiche geschnitzte Chorgitter von Johann Peper und Thies Wille aus Rendsburg. Das Gitter enthält in seiner oberen Reihe in durchbrochenen Rundbögen zwar einige Apostel als Verkünder des Glaubens. Vor ihnen jedoch stehen vier antike, allegorische Tugendfiguren (Glaube, Klugheit, Liebe und Gerechtigkeit), die nach der Reformation die Stelle von Heiligen eingenommen hatten. Das darüber angebrachte Wappen des Königs von Dänemark weist darauf hin, daß der Landesherr auch oberster Kirchenherr und damit Hüter des Lebenswandels seiner Untertanen war. Auf gleicher Rangstufe stehen neben dem König Adam und Eva, darüber gibt es nur noch den gekreuzigten Christus, dem auch der König verantwortlich war.

Die reichste kulturgeschichtliche Sammlung an der gesamten Westküste Schleswig-Holsteins ist schließlich im Dithmarscher Landesmuseum in Meldorf zu besichtigen. Es entstand als ältestes Museumsgebäude Schleswig-Holsteins 1872 nach den Plänen des Kieler Architekten Wilhelm Voigt. Wohl schönstes Stück des Museums ist der *Swinsche Pesel,* die gute Stube eines Dithmarscher Bauernhauses. Der Prunkraum zeigt hervorragend den behäbigen Lebensstil eines in der Marsch zu Wohlstand gekommenen Großbauern, der auf seinem Hof durchaus wie ein kleiner Fürst lebte.

Fährt man von Meldorf aus weiter auf der B5 in Richtung Brunsbüttel, bewegt man sich auf der ältesten geschlossenen Deichlinie der Westküste, der Trennungslinie zwischen der «jungen Marsch mit Anwuchs» und der «alten Marsch». Alles, was westlich dieser Linie liegt, wurde erst in den vergangenen drei Jahrhunderten eingedeicht. Der Dieksander Koog sogar erst 1936. Das kleine Städtchen Marne wurde deshalb nicht umsonst auch die Stadt der Marschen und Köge genannt.

Südlichstes Dorf in Dithmarschen ist das alte Brunsbüttel, das vordergründig inzwischen allerdings ganz im Schatten des neuen Brunsbüttel steht, weil dort an der großen Schleuse der Nord-Ostsee-Kanal mündet. Das heute etwas abseits gelegene alte Brunsbüttel überrascht dagegen mit dem Idyll eines verträumten Marktplatzes. Hier stehen noch alte Fachwerkhäuser aus dem ausgehenden 18. Jahrhundert und vor allem die kleine, 1678 fertiggestellte Saalkirche aus Backstein. Ihr bedeutendstes Ausstattungsstück ist der aus dem 17. Jahrhundert stammende Altaraufsatz, der ursprünglich in der Glückstädter Schloßkirche stand. Er ist ganz im ornamentalen Knorpelbarock gestaltet, ohne jedoch architektonisch gegliedert zu sein. Insgesamt elf quer- und hochgestellte Ovalfelder sind vielmehr in Monstranzform um ein größeres Zentralbild angeordnet. Die figurenreich angelegten Szenen zeigen Stationen aus dem Leben Christi.

# Marschen nördlich der Elbe

*Pötte auf Landausflug*

Wenn sich die vielleicht 25 oder 30 Meter hohen Aufbauten eines modernen Frachters wie ein ganzer Häuserblock durch das unendlich anmutende Grün der Dithmarscher Landschaft schieben, schauen die Kühe schon lange nicht mehr auf, wohl aber selbst die, denen das Bild eigentlich alltäglich und vertraut ist. Aller Logik zum Trotz scheint es eben doch nicht so ganz selbstverständlich zu sein, daß sich Häuserblocks durch Büsche schieben. Dabei ist rein technisch alles ganz einfach: der Frachter fährt durch den 1895 fertiggestellten und knapp 100 Kilometer langen Nord-Ostseekanal von Brunsbüttel nach Kiel oder umgekehrt und spart damit den weiten und gefährlichen Weg um das Skagerrak.

Was heute so selbstverständlich anmutet, hatten die alten Wikinger zumindest als Wunsch schon vor tausend Jahren. Sie versuchten es mit der Eider und mit der Treene und zogen sogar ihre kleineren Schiffe über die restlichen Landstrecken. Bis 1784 wurde schließlich der alte Eiderkanal ausgebaut, der dann jedoch den Ambitionen der kaiserlichen Flotte nicht genügte. Als Kiel zum Marinestützpunkt avancierte, brauchte man endgültig eine schnelle und leistungsfähige Wasserverbindung zwischen Nordsee und Ostsee, um die Kriegsschiffe schnell genug verlegen zu können. Ab 1887 wurde deshalb die Cimbrische Halbinsel für den Kaiser-Wilhelm-Kanal durchschnitten.

Mit einer Tiefe von neun und einer Sohlenbreite von 22 Metern genügte der Nord-Ostsee-Kanal den nationalen militärischen Anforderungen bereits zehn Jahre nach der Eröffnung schon nicht mehr. Zwischen 1907 und 1914 wurde der Kanal deshalb um zwei Meter vertieft, die Sohlenbreite wurde verdoppelt. Seit 1966 wird an der Verbreiterung der Sohle auf neunzig Meter gearbeitet. Je zwei große Schleusenpaare sorgen in Brunsbüttel und Kiel-Holtenau für den Ausgleich tidenbedingter Wasserstandsunterschiede.

Für den sicheren Betrieb auf dem meistbefahrenen Kanal der Welt sorgen rund um die Uhr rund dreihundert Lotsen. Sie übernehmen dabei keineswegs das Kommando über das Schiff, sondern fungieren lediglich als Berater des Kapitäns. Schiffe, die breiter als 15 Meter oder größer als 2500 Bruttoregistertonnen sind, müssen allerdings einen eigenen, von der Kanalverwaltung gestellten Steuermann akzeptieren. Seine Aufgabe ist es vor allem, sowohl das «Durchsacken» wie das «Absetzen» zu vermeiden. Beides hat mit dem im Kanal eingezwängten Wasser zu tun.

Selbst wenn ein Schiff noch gut einen Meter Wasser unter dem Kiel hat, wird bei zu schneller Fahrt zuviel Wasser unter dem Schiff weggesaugt, so daß das

Schiff bis auf den Grund durchsackt, für einen Moment stehenbleibt und erst dann wieder aufschwebt. Weitaus gefährlicher noch ist das Absetzen, die Grundberührung an der Böschung durch strömungsbedingtes Abdrängen im Gegenverkehr. Hier helfen nur spezielle Steuermanöver und entsprechendes Fingerspitzengefühl des Steuermanns. Zu große Schiffe dürfen sich ohnehin nicht begegnen, für sie gibt es eigene Ausweichstellen.

## *Rund um die Stör*

Was die Eider im Norden für Schleswig, das war die Stör im Süden für Holstein. Über die Unterelbe bot sie einen direkten Zugang von und zu der Nordsee und veranlaßte deshalb schon die Karolinger, am Rande der festen Geest eine Siedlung als Brückenkopf gegen die Dänen und Slawen zu bauen. Itzehoe kann deshalb das Jahr 810 als das offizielle Stadtgründungsdatum angeben. Als Esesfeld entstand die Altstadt am nördlichen Flußufer mit der Laurentius-Kirche in der Mitte, am Südufer der Stör, auf einer von einer Flußschlaufe gebildeten Halbinsel, entstand die Landesherrliche Burg. Um sie herum wurde ab 1238 die neue Stadt gegründet. 16 Jahre später entstand das erste Zisterzienserinnenkloster Schleswig-Holsteins, das nach der Reformation in ein adliges Damenstift umgewandelt werden sollte. Obwohl in Itzehoe neben den holsteinischen Rittern auch noch einflußreiche Kaufleute residierten und miteinander versuchten, die Stadt planmäßig auszubauen, war der Herrlichkeit doch keine Dauer beschieden. Schon 1657 im Dänisch-Schwedischen Krieg kam das Aus für die Stadt, von der die Schweden kaum einen Stein auf dem anderen ließen.

Eines der ganz wenigen Überbleibsel aus der Zeit vor dem Dreißigjährigen Krieg ist der Westturm der einst zweischiffigen Laurentius-Kirche. Sie war im 15. Jahrhundert aus Backsteinen errichtet und bis 1718 unter Verwendung des alten Turmrestes erneuert worden. Seine niederländisch-barocke Haube erhielt der Turm 1896. Als malerisches Ensemble spiegeln sich heute Kirchdach, Turm und anschließendes Äbtissinnenhaus von 1696 im romantisch verzauberten Klosterteich. Im Inneren der Kirche beeindruckt vor allem der aus der Mitte des 17. Jahrhunderts stammende Schnitzaltar mit seiner erzählfreudigen Bilderwand. Auf 24 von Freifigürchen gefüllten Raumbühnen ist das Leben Christi bis zur Himmelfahrt Mariens dargestellt.

Ein kleines Juwel für sich ist die St. Jürgen-Kapelle des Armenstiftes. Sie gehörte ursprünglich zum 1230 gegründeten Aussätzigenhospital, das heutige

Kirchlein entstand jedoch 1670 als barocker Fachwerkbau mit einer hölzernen Tonnenwölbung. Ihre Bohlen sind mit schwungvollen Deckenbildern bemalt. Dargestellt sind Szenen sowohl aus dem Alten wie aus dem Neuen Testament.

Wenige Kilometer störaufwärts findet sich das einzige Schloß im westlichen Teil Schleswig-Holsteins. Heinrich Rantzau hatte Schloß Breitenburg in der zweiten Hälfte des 16. Jahrhunderts im Stil der Renaissance errichten lassen und die weitläufige Anlage zum Zentrum des Humanismus im Norden gemacht. Sein Mäzenatentum konnte er sich leisten, weil er als Statthalter des dänischen Königs zu dessen wichtigstem Finanzmann aufgestiegen war. Nicht umsonst wohl erhielt er den Beinamen «Norddeutscher Fugger».

Das gesamte Schloß samt seiner überregional bedeutsamen Bibliothek wurde 1627 nach 14tägiger Belagerung ein Opfer Wallensteins und seiner plündernden Heerscharen. Sein heutiges Aussehen verdankt das Schloß denn auch einem gotisierenden Wiederaufbau im 19. Jahrhundert. An den alten Renaissanceglanz erinnert im Hof lediglich noch der Schloßbrunnen von 1572, der eine außergewöhnlich schöne schmiedeeiserne Laube in der Form einer Blumenzwiebel aufweist.

Im Inneren blieb aus der Periode des Wiederaufbaus nach 1627 die rippengewölbte Schloßkapelle mit ihrem Portal von 1634 erhalten. Die Kapelle vermittelt ein lebendiges Bild von der Geschichte derer von Rantzau. So zeigt der Altaraufsatz von 1581 ein Auferstehungsgemälde mit einem Portrait Heinrich Rantzaus.

Ebenfalls ursprünglich ganz ans Wasser gebunden war die Entwicklung von Wilster, auch wenn man sich heute kaum noch vorstellen kann, daß es hier einmal eine wichtige Wasserstraße und einen bedeutenden Handelshafen gab. Schon 1283 machte Graf Gerhard II. den Handelsort zur Stadt und stattete sie mit Lübischem Recht aus. Im 16. und 17. Jahrhundert dominierten hier die Kornhändler, gab es gleich drei Marktplätze und Schiffahrtslinien bis hinauf nach Schottland und hinunter nach Südspanien. Kurz vor dem Dreißigjährigen Krieg hatten knapp dreißig Handelsschiffe in Wilster ihren Heimathafen.

1585 entstand denn auch in vollem Renaissanceglanz das heutige Prunkstück von Wilster, das *Alte Rathaus*. Der bis 1919 wiederhergestellte Fachwerkbau ruht auf einem massiven Backsteingrundgeschoß und markiert mit seiner Lage die ehemalige Neue Seite des Alten Hafens. Das wohl schönste Bürgerhaus von Wilster liegt gleich um die Ecke. Das Hudemannsche Haus entstand 1596 und gilt mit seinem vorkragenden Backsteinziergiebel als typisches Marschbürgerhaus.

Sehr viel jünger, aber kaum weniger schön ist das Bürgermeisterhaus, das 1785 als Wohnhaus des Kanzleirates Doose errichtet wurde. Der würfelförmige, zweigeschossige Backsteinbau mit Mansarddach ist im Inneren großzügig mit Rokoko- und Zopfstildekorationen ausgestattet. Aus der gleichen Zeit stammt die 1780 neu errichtete Bartholomäus-Kirche. Ihr achteckiger Backsteinbau steht ganz in der Nachfolge der großen spätbarocken protestantischen Predigtkirchen. Das Werk des Architekten Ernst Georg Sonnin ist auf Lichtfülle und Raumausnutzung ausgerichtet. Entsprechend nüchtern ist die spätbarocke Ausstattung mit Kanzel, Altaraufbau und Logenemporenfront im Chor.

Wie die Kräfteverhältnisse an der Stör einst verteilt waren, darüber gibt ein alter Spruch Auskunft: *Ein Herr ut Glückstadt, ein Börger ut Itzehoe, ein Mann ut Kremp, ein Kerl ut Wilster.* Demnach waren in Krempe und Wilster schon immer die handfesten Arbeiter, in Itzehoe die Bürger und in Glückstadt die Herren zu Hause. Daß sich von der ursprünglichen «Verteilung» bis heute soviel noch nicht geändert hat, spürt man an der Stör noch immer auf Schritt und Tritt. Nicht umsonst wurde das vom Dänenkönig Christian IV. im Jahre 1617 gegründete Festungs- und Regierungsstädtchen Glückstadt vom Barockdichter Johann Rist als «der Städte Meisterstück» gepriesen.

Dem dänischen König fehlte zu Beginn des 17. Jahrhunderts für seine Großmachtpolitik im Süden seines schleswig-holsteinischen Territoriums nicht nur ein Hafen, sondern vor allem auch eine feste militärische Operationsbasis, hauptsächlich gegen die Hamburger, die sich für dänischen Geschmack auf der Unterelbe viel zu breit gemacht hatten. Um ihnen Paroli zu bieten, ließ Christian IV. Glückstadt ganz nach den Idealvorstellungen der Festungsbauer der Renaissance als fächerförmiges Sechseck errichten. Von seinem zentralen Marktplatz aus wurden Radialstraßen zu den Eckbastionen angelegt. Rückgrat des Kanalsystems wurde nach niederländischem Vorbild ein die Stadtmitte querendes *Fleth*.

Dank der toleranten Aufnahme niederländischer Glaubensflüchtlinge (ähnlich wie in Friedrichstadt) wuchs Glückstadt in nur 25 Jahren zur drittgrößten dänischen Stadt heran, so daß Christian nicht ganz zu Unrecht hoffen konnte: *Geht es glücklich so fort, so wird Glückstadt eine Stadt und Hamburg ein Dorf.* Zunächst sah es auch ganz danach aus, denn 1648 wurde die Stadt Sitz der Regierungs- und Justizkanzlei für Holstein, doch der Krieg mit Schweden sorgte dafür, daß die Bäume nicht in den Himmel wuchsen. Mehrfach belagert, wurde Glückstadt im Winter 1813/14 durch Preußen eingenommen, seine Verteidigungsanlagen wurden endgültig geschleift.

Bis heute trotzdem noch ganz erhalten ist der einmalige Stadtgrundriß mit seinen zwölf Radialstraßen. Vor allem an der Hafenstraße sind noch aufwendige barocke und klassizistische Fassaden und nicht zuletzt ein massiver barocker Speicherbau zu entdecken. Den stimmungsvollen Marktplatz beherrscht wie eh und je das 1872 nach den alten Plänen neuerrichtete Backsteinrathaus. Um ihm den nötigen Respekt zu verschaffen, wurde es auf Anweisung des Königs gleich über zwei Straßen gebaut.

Glückstadts Kirche in der östlichen Ecke des Marktplatzes wurde 1623 fertiggestellt, mußte jedoch nur 27 Jahre später bereits völlig erneuert werden, da der Turm eingestürzt war. Heute ist gerade er mit seinem originellen, grazil aufgesetzten Haubenhelm das Wahrzeichen der Stadt. Im Inneren der Stadtkirche beeindrucken das durchlaufende Holztonnengewölbe, der zweiteilige Altaraufbau und die raumprägenden Holzemporen mit Darstellungen der Heilsgeschichte.

## Im holsteinischen «Bäderdreieck»

Nördlich von Hamburg erstrecken sich in rund 150 Metern Tiefe ausgedehnte Salzschichten, die im 18. und 19. Jahrhundert immer wieder zu Versuchen zur Salzgewinnung führten. Weil die abpumpbare Sole für das Sieden jedoch zu schwach, ein anderer Abbau aber wegen des Grundwassers nicht möglich war, scheiterten diese Versuche immer wieder. So versuchten Bad Bramstedt, Bad Oldesloe und Bad Segeberg es eben mit der Heilwirkung der Salzsole, errichteten zu Beginn des Jahrhunderts Kurgebäude und ließen sich den Titel «Bad» verleihen. Weil aber selbst für Heilzwecke die Sole eigentlich nicht stark genug war, nahm man in Bad Bramstedt und in Bad Segeberg mit der Zeit noch Zuflucht zu Moorbädern, in Bad Oldesloe brach man die Kurgebäude 1936 wieder ab. Ihre Bedeutung aber gewannen alle drei Städte zu Zeiten, als noch niemand an einen Bäderbetrieb dachte.

In Bad Bramstedt trafen sich der Ochsenweg von Jütland, über den das Vieh zum Verkauf in den Süden getrieben wurde, und der alte Handelsweg zwischen Lübeck und Dithmarschen. Ähnlich wie in Heide entstand am Kreuzungspunkt ein Marktplatz, dem bereits im 16. Jahrhundert ein hölzerner Roland die Marktgerechtigkeit bestätigte. Seit 1693 wacht darüber ein mit den Initialen des Königs Christian V. ausgestatteter Sandsteinroland. Die Bramstedter Maria-Magdalenen-Kirche ist ein Backsteinsaalbau aus dem 14. Jahrhundert, der seine heutige

Form 1625 erhalten hatte. Der Schnitzaltar der Kirche stammt sogar noch aus dem 14. Jahrhundert, die Bronzetaufe entstand in der Frühgotik und die farbigen Glasfenster wurden 1567 gefertigt.

Die früheste und zugleich unliebsamste Bekanntschaft mit dem Salz machte man in Bad Oldesloe. Hier trat die Sole als Quelle am Kirchenhügel aus. Dies veranlaßte Heinrich den Löwen 1151, die Quelle zu zerstören, um eine mögliche Konkurrenz für sein Lüneburger Salz auszuschalten. Deshalb mußten sich die Oldesloer darauf beschränken, am Handel und am Warentransport zwischen Hamburg und Lübeck zu verdienen. So transportierten sie die auf dem Landweg angekommenen Waren an die Trave und verschifften sie von dort nach Lübeck. Im 15. Jahrhundert versuchte man dann sogar, zwischen Alster und Trave einen Kanal zu graben, doch scheiterte dies im 16. Jahrhundert endgültig an den enormen Geländeschwierigkeiten. Was es so alles im einzelnen mit der Oldesloer Geschichte und seinem Salz auf sich hatte, ist im Heimatmuseum zu besichtigen.

Auch Bad Segeberg mußte zunächst völlig ohne Salz auskommen. Dafür allerdings hatte es einen Kalkberg, auf dem Kaiser Lothar 1134 die Siegesburg zum Schutz der Mission und der Kolonisation errichten ließ. Unterhalb der Burg entstand außer einer Siedlung von Handwerkern am Ufer des nahen Sees ein Augustinerkloster. Zwar zerstörten die Wenden 1138 die Anlage, doch wurde sie 1156 neu errichtet. Zwischen Burg und Kloster entstand eine aus einer langen Straße bestehende Marktsiedlung. Ihr verlieh Graf Adolf IV. das Lübische Recht.

Unter Christian I. wurde Segeberg 1460 neben Gottorf zweite Residenz, einen Vorzug, den das Städtchen bis zur Gründung von Glückstadt bewahren konnte. Als Heinrich Rantzau, der Erbauer von Schloß Breitenburg bei Itzehoe, in Segeberg Statthalter war (1556–1598), ließ er zwar die alte Grenzburg noch einmal wiederherstellen, das Kloster aber hob er auf.

Erhalten blieb von ihm lediglich die Kirche. Sie ist ein Frühwerk des monumentalen Backsteingewölbebaus, der um 1156 begonnen worden war. Einzigartig an ihr ist, daß ihre Erbauer an Kapitellen, Kämpfern und Bogenrahmen den Backstein durch Segeberger Gips ersetzten, der sich vortrefflich zu Schmuckgliedern gestalten ließ. Diese Stuckteile ergeben geradezu eine Mustersammlung aller im 12. Jahrhundert in Niederdeutschland gebräuchlichen Ornamente. Von der Ausstattung der Kirche sind der prachtvoll geschnitzte Schreinaltar von 1515, eine Bronzetaufe von 1447 sowie ein um 1500 gefertigtes Triumphkreuz erhalten.

Auch in späteren Zeiten wurde der Segeberger Gipsberg eifrig abgebaut. 1913 wurden dabei umfangreiche, durch Auslaugungen entstandene Höhlen entdeckt, die heute auf einer Länge von etwa achthundert Metern besichtigt werden können. Das eigentlich Besondere dieser Höhlen aber sind ihre Bewohner: 135 verschiedene Tierarten, die in dem Labyrinth ohne jegliches Sonnenlicht auskommen. Im 1930 eingestellten, ehemaligen Gipsbruch hat sich heute ein Freilichttheater eingerichtet, das mit seinen Karl-May-Festspielen vor romantischer Felskulisse weit mehr zum Ruf Bad Segebergs beigetragen hat, als es das Salz jemals hätte tun können.

# Accompanying Text in English

# Schleswig and Holstein "Eternally United and Undivided"

In the most northerly part of Germany, in the area between the North Sea and the Baltic, no less than 4 races had already settled in the time before Charlemagne. The Danes in the north, the Frisians to the west and on the islands, Slavonic Abotrites in the south-east and finally the Saxons north of the Elbe. The fairly peaceful co-existence of these four races was shattered by Charlemagne, in that he brought the Saxons under his control, drove the Slavs back to the north-east and repelled the Danes beyond the Schlei and Treene.

Charlemagne would not have lived up to his nickname had he not immediately begun consolidating and enlarging the new territory. In the east the new border was drawn through the Limes Saxoniae and in the north through the Danewerk. To fortify the new territory the Hammaburg was built on the Elbe and the Esesfeld citadel on the Stör by Itzehoe in 810. At the same time the Christian missionaries began their work from Hamburg and Meldorf. Haithabu at the western end of the Schlei became the central trading station for goods traffic between the North Sea and Baltic.

The Danes above all, however, were not happy with the new territorial division. In the early 11th century they succeeded in extending their influence southwards as far as the Eider. By the beginning of the 13th century they even managed to occupy the country as far down as Hamburg and Ratzeburg, but in 1227 they were forced back again behind the Eider. Only in the year 1460 was success achieved in joining areas under German and Danish influence "eternally united and undivided" under King Christian I, in order to form the basis for the present German federal state of Schleswig-Holstein.

This was to last until the Congress of Vienna in 1864, when Denmark finally had to renounce all claim to Schleswig-Holstein. Right up to the present day some 20,000 Germans on Danish soil and around 60,000 Danes under German sovereignty recall the difficult history covering more than a thousand years of the origin of this most northerly German federal state.

# Between Holstein and Mecklenburg

Anyone travelling today from Lüneburg across the Elbe by Lauenburg to the south-western tip of Schleswig-Holstein is passing along once illustrious paths. For here rolled the wagons in the Middle Ages bearing salt from Lüneburg to Lübeck for shipping. At Lauenburg they crossed the Elbe, rested in the Eulenspiegel town of Mölln and halted in Ratzeburg.

At the Elbe crossing in Lauenburg the business of the salt transport led in 1182 to the construction of a massive citadel, of which however only a single gun turret remains today. Well preserved on the other hand is the shipping settlement, which had developed during the 13th century under the protection of the ducal citadel and along the Elbe. Patrician houses stand there today with carved and painted half-timbered gables from the 16th and 17th centuries.

At a very early stage it was attempted to permit shipping from Lauenburg on to Lübeck. The Palm Locks date from 1726 and gave access to the former Stecknitz canal. Then in the year 1900 the Elbe-Lübeck canal was completed for barges of up to 2 m draught. Today it forms the western boundary between Lauenburg and Mölln of the Lauenburg Lakes nature reserve of some 400 km², the oldest and largest nature park in the state. With 35 woodland lakes large and small, it alone has 40 km² water in some 80 km² woodland. This natural paradise is accessible by over 1,000 km paths and is provided with shelters and nature study trails.

The largest town in the Lauenburg Lakes nature park is Mölln, almost completely surrounded by a picturesque lake. It was here in 1350 that the country buffoon Till Eulenspiegel is said to have been buried. Mölln became important, however, less as a result of Till than by its association with Lübeck. This city gained sovereignty over the Stecknitz from Emperor Barbarossa and therefore had the salt arriving from Lüneburg loaded on special ships in Mölln after 1335. From 1391 to 1398 the Hanseatics therefore dug a canal between the lake of Mölln and the Delwenau flowing south into the Elbe. This provided the first navigable connection between the North Sea and the Baltic and was also the first artificial waterway in northern Europe.

The largest of the Lauenburg lakes is the Ratzeburg, above which towers the monumental brick edifice of the cathedral, begun in 1160, promoted by Heinrich der Löwe and completed around 1220. With its triple nave, vaulted pillared basilica and exceptionally finely designed south vestibule, it is one of the most impressive Romanesque brickwork cathedrals of northern Germany. Remains of the oldest north German choir stalls (ca. 1200) and a Gothic triple seat from 1340 in the interior, in addition to a triumphal group dating from 1260, recall the splendid days of Ratzeburg under the Christian religion.

The visitor is confronted with contemporary problems on the other hand in the "Alte Vaterhaus" or the first house next to the former cathedral provostry. Ernst Barlach lived in the former from 1878 to 1884. Today it accommodates a collection from his works. The building on the cathedral square is now called the A. Paul-Weber House. The work of the so farsighted satiric illustrator is preserved here.

# Lübeck – Queen of the Hanse

The Wends had already recognised the importance of the trading route from Lower Saxony to the Baltic and therefore established their commercial centre of Liubice (the pleasant) at the confluence of the Schwartau with the Trave. Its importance induced Count Adolf von Schauenburg to take over control of the land and settlement and establish the new Lübeck a few kilometres further up the Trave in the peninsula oval between Trave and Wakenitz. He built his own castle there in 1143 as defence.

The next stage was initiated already in 1159 by Heinrich der Löwe, who then took over power himself in the castle of the count and continued the systematic development of Lübeck. Just one year later the bishop transferred his seat there from Oldenburg, and important buildings such as the cathedral, St. Marien church and St. Petrie and St. Agidien parish churches were started. Frederick II elevated Lübeck to the status of a free imperial city in 1226.

Lübeck has been a trading city throughout the ages. As the capital of the Hanse, its influence extended as far as London, Bergen and Novgorod. The centre of the mediaeval city was marked by the collaboration of the three powers of sovereign, bishop and citizens. The result of this interplay can still be recognised at every turn in the city today. The seven high towers of its leading churches still dominate the scene and its oval, once protected by city wall and bastions, is still completely surrounded by water, so that its clearly defined and bold construction is made all the more striking.

Not without good reason does the landmark of the "truly Hanseatic Lübeck" decorate the German fifty mark note. The Holsten gate is a remnant of the once massive city wall and served to safeguard the most important main road to Holstein and Hamburg. The gate was erected as a replacement for a smaller predecessor in the year 1478 by the Lübeck municipal builder Hinrich Helmstede.

The castle gate in the north is still fully representative of the county and later the duchy. Its basis dates from the 13th century. It once served as inner gate as part of the extensive fortifications to safeguard the only natural entrance to castle and city. It was given its present form in 1444 by the municipal builder Nikolaus Peck, while the baroque cupola replaced the original Gothic dome in 1685.

The counterpart of the count's castle in the north was always the cathedral at the southerly tip of the city island. Its foundation stone was laid by Heinrich der Löwe in 1173 and the triple naved basilica was completed only 25 years later. The bishop had not taken account of his citizens, however, who competed with him with the massive St. Marien church right next to the market-place. In order to survive together with the "Citizens cathedral", the bishop began the conversion of the cathedral in 1266, the main aisle of which he gradually converted into a hall. Of the old Heinrich cathedral, therefore, only the defiant, austerely divided and unevenly-windowed western towers remain.

The ambitious nature of the construction of the St. Marien civic cathedral is apparent from the three civil "insubordinations": firstly the construction was started in 1200 at the highest point in the city, although the cathedral should actually have been there. Secondly, a decision was taken for a triple nave basilica without transept, although a vestibule church would have been more appropriate for the citizenry. And thirdly, external expression was given to the rivalry with the episcopal cathedral by calmly building two towers, although a parish church should only have been permitted one tower. The huge main aisle was completed in these circumstance under the direction of master builder Hartwich in 1330. By 1351 the two western towers received their pointed spires as a crowning glory to the complete structure. Although the church was burnt to the ground on 29. 3. 1942, it has now been fully restored to its former architectural grandeur.

The proud public spirit of Lübeck was naturally also expressed in the construction of the town hall. In both cases the spirit and will of citizens, successful not least owing to their generosity, found adequate architectural manifestation. The edifice erected immediately after 1226 (imperial freedom) obtained its present façade with its characteristic shield walls in the middle of the 14th century (north side) and 15th century (south side). Finally the Renaissance pergola was added in 1571 as a unique contrast to the towering Gothic brick masonry shield wall.

Numerous patrician houses from the 16th century, now again largely carefully restored, enhance the impression of a unique German city.

# Contrasts Between Travemünde and Puttgarden

Bathing beaches follow in close succession from the mouth of the Trave up to Puttgarden. Already in the previous century elegant Lübeck society established their own bathing places in Travemünde. Since 1825 it has had a gambling casino, to which emperors, statemen and poets paid regular visits. The beaches of Travemünde, Timmendorf and Grömitz have now long been ultra-modern resorts with all conceivable heath and fitness facilities.

Since all this is restricted to a rather narrow coastal strip, however, the contrasts between the bustle on the beach and the peaceful countryside behind are particularly evident. At Timmendorf, for example, the elongated Hemmelsdorf lake of nearly 500 ha stretches out behind a strip of sand only 1 km wide. It was originally an open fjord carved out by a tongue of ice, which gradually silted up to become a fresh-water lake. In 1872 a storm brought large volumes of salt water into the lake, which now rests in its lower layers down to 44 m below mean sea level – the lowest point in the German Federal Republic. Flora and fauna have made their own eco-system from the mish-mash of fresh and salt waters.

The once most important harbour in the bay of Lübeck was Neustadt, established by Count Adolf IV of Schauenburg. His "Nighestad" received civic rights in 1244 and the original layout of roads and land structure have remained unchanged up to the present day. Also retained is the only mediaeval city gate in Holstein, the "Kremper Gate".

Far different again is the landscape further inland. Glaciers from the ice-age left numerous lakes and rivers, which around Plön alone cover an area of some 42 km². The hills, consisting of terminal moraine, ensured that the entire area eventually received the name of Holstein's Switzerland.

The Slavs once controlled the entire region and maintained fortified refuges in lakes Plön and Eutin. It was only in the middle of the 12th century that Dutch settlers began to cultivate this land of lakes and rivers. The present Eutin was even used by the bishop of Lübeck to establish his own refuge, which gradually became a permanent water castle and finally the present day Eutin castle.

With the Reformation Eutin advanced to the Residence of the "Prince Bishops of Lübeck" originating from the House of Holstein-Gottorf. They developed an active court life in Eutin and completed the present four-winged residential castle, set in a splendid baroque park, in 1722. Since the lords of the castle were interested in the theatre, music, literature and the visual arts, a busy court life quickly developed, which led to Eutin receiving the nick-name of "Weimar of the North". Today the castle contains the largest portrait collection in north Germany, thanks to the 20 years devotion of court painter Johann Heinrich Tischbein.

At the extreme north-eastern tip of Holstein the 565 m long and 70 m high Fehmarn-Sund bridge ensures that traffic can roll unhindered in a straight line to Scandinavia across the island of Fehmarn. The centre of the health and bathing activities on the island today is Burgtiefe 3 km from the main town of Burg with its beautiful south-facing beach. In Burg itself today live around half of the island population, although the 185 km² with its 40 villages provides fertile farming land. The St. Nicholas church in Burg dates from the middle of the 13th century and has retained its mediaeval form including a triple-winged high altar from the 14th century practically intact.

# Around the Bay of Kiel

A flourishing farming aristocracy grew up on extensive estates on the fertile land of eastern Holstein, of which the leading personalities were gradually able to rise to feudal status. In the region of north Wagrien alone (north-eastern Holstein) there are still today some 3,000 large old estates, on many of which still stand the representative manor houses, largely built in the 18th and 19th centuries.

The former centre of Wagrien was the later ducal town of Oldenburg, which had already grown up during the 8th century as a Slavic trading settlement on a firth through the Oldenburg trench. There was a bishop here as early as the mid-10th century who only migrated to the aspiring Lübeck in 1160. Not for nothing, therefore, is the basic structure of the St. Johannes city church included among the first brickwork churches of northern Europe. The triple-naved, flat-roofed column basilica was erected by order of Bishop Gerold in 1156. Many historic buildings in the small country town of Lütjenburg also still testify to the undying sense of tradition. In addition to the dye-house, town hall and old posting house, it is above all the present brickwork church with nave and tower from the foundation time. The most precious item in its appointments is a carved altar from 1467.

The third foundation of the counts of Schauenburg after Lübeck and Neustadt was Kiel, from where the Baltic trade was to be developed from the rural hinterland. That more was ultimately achieved from the small, sleepy town is due exclusively to the interest of the emperor in the navy. In 1865 Kiel became a base for the Prussian fleet and 6 years later even an imperial military port. Kaiser Wilhelm II commissioned the construction of the North Sea – Baltic canal flowing into the firth at Kiel-Holtenau, together with an imperial shipyard.

The fact that Kiel today is world famous for its "Kiel Week" can likewise be attributed to the predeliction of the emperor for water. There has been a yacht club since 1891, of which the honorary commander was the Kaiser in person. The "Kiel Week" has been organised since 1882, while the firth of Kiel has already twice witnessed Olympic sailing competitions (1936 and 1972). The Olympic centre of Schilksee was constructed for the most recent Olympiad, and where sailing began over 100 years ago with no more than 20 yachts, several thousand sailing enthusiasts now come year after year to one of the most important sailing events in the world.

Kiel today is indeed rather a faceless town following the severe damage suffered during the last war, but this impression is easily counteracted by the Schleswig-Holstein open-air museum at Molfsee a few kilometres to the south and founded in 1961. This contains over 60 exhibits of everything concerned with rural construction, life and economy in the various regions of Schleswig-Holstein.

Rendsburg is also completely oriented towards water. There was already a fortified water castle on an island here in the 12th century on an old crossing of the north-south military route over the Eider. Thanks to its strategically favoured position, the Danish King Christian III secured the settlement with an embankment and extended it into the major fortress of the country. At the end of the 17th century an actual garrison town was established on the plan of a half decagonal with a wide, semi-open parade ground and roads emerging radially. The cobbled parade ground in Rendsburg with its representative reconstruction completed around 1700 still today recalls its former military splendour.

# Schleswig, the Schlei and the Firth of Flensburg

The Cimbrisch peninsula is at its narrowest between Schlei and Treene on the Schleswig isthmus. Between the west end of the Schlei as bay of the Baltic Sea and the eastern outlets of the Treene flats, once subject to the tides of the North Sea, there was only some 10 km of firm ground. This natural bottleneck at the junction of the best connecting route between the two seas with the north-south trade and military route induced the Vikings to develop their Haithabu here as a world port as early as the 8th century. Only with the conquest by Harald den Harten of Norway in 1050 did Haithabu begin to decline. When the Slavic Wends completely destroyed the remainder in 1066, the inhabitants gave up and resettled on the land of the present Schleswig.

The new place of settlement also quickly developed from the tradition of an international goods transshipment point to a secular and then also sacral control centre. A sworn guild of Lower Rhineland-Frisian merchants took over power and gave the new settlement a codified municipal law around 1200. Schleswig is therefore the oldest city in the entire Baltic region. Only the newly established Lübeck and the associated transfer of the main trading route prevented a further rise.

The large-scale St. Petri cathedral with its huge Gothic hall originates from the earlier golden age of Schleswig. The greatest treasure of the church today is the 16 m high carved altar with no less than 387 wooden figures. Since Hans Brüggemann originally created the altar completed in 1521 for the monastery church of Bordesholm, the altar is still today named after the community situated south of Schleswig.

The growing importance of Schleswig also attracted the gentlemen from the House of Gottorf. Since the year 1268 they had resided in the former Bischofsburg on the island in the present Lake Burg. From here ruled the Schleswig dukes and their Schauenburg successors over the southern part of their duchy and had built a large baroque castle by the 17th century, which today contains 2 national museums.

The country north of the Schlei as far as the firth of Flensburg is called Angeln, since the Angles lived here, who, together with the Saxons, moved to Great Britain in the 5th century and gave it the name England. The more settled Angles have remained until the present day and produced a picture-book rural landscape from the gently rolling hills. At the most northerly tip Duke Johann von Sonderburg erected the Glücksburg in 1587, which became a major work of north German Renaissance. Today the castle set in the middle of a romantic pool contains a collection of precious tapestries.

The most northerly city of Germany is Flensburg, which is similarly situated at the end of a long estuary and was likewise founded in the 12th century. The town mainly owed its heyday to the Dutch, who conducted their international trade between the Lower Rhine and Scandinavia via the city on the estuary and by-passing Hanseatic Lübeck. Then finally began in 1755 what was to establish the fame of Flensburg until the present day. The "Neptunus" docked with the first casks of rum from the West Indies to initiate an entirely new branch of trade. The raw material from the Caribbean was blended into rum before shipping, in other words mixed to suit German palates. Even today every second bottle of rum sold in Germany originates from Flensburg "rum factories".

# Queen of the North Sea Islands

The largest German North Sea island is actually named Sylt, but everyone just calls it "The Island". The fragile formation of dunes and sand just 40 km long and only a few 100 m wide over long stretches, is the meagre remains of an outlier from the mainland which once extended much further into the sea. When the first Sylt inhabitants built their huts some 5,000 ago, the island extended both 30 km farther westwards and also had a broad area of marshes with wide bridges to the mainland. It may have been these above all which attracted the Frisians around 860 from the estuary regions of Rhine and Weser to re-settle in the "Uthlande".

The tremendous storm recorded in history as "Mandränke" in 1362, which broke away a 30 km wide area of dune from Sylt in the west and carved deep breeches in the marsh land, was largely responsible for the end of the old order. A further third of the remainder was then lost in the Burchardi storm on 11 October 1634. The present form of Sylt then took shape with the main dunes at the centre, spits of land stretching north and south with their wide dune landscapes and beautiful sandy beaches.

Until some 100 years ago only the central dune in the middle of the island was inhabited, while the sand masses to north and south, which have been difficult to control right until the present day, remained practically unused until the last century. The discovery of their beauty was left to our time. The island inhabitants eked out a rather meagre living raising cattle. Reed roofs were still a luxury and there was scarcely anything else for heating in winter than dried heather.

All this changed abruptly when seagulls and terns obtained "golden wings" from the rapid onset of the bathing scene. Already in 1908 there were over 25,000 visitors to Westerland, while in 1927 the Hindenburg dam was inaugurated as connection to the mainland and today the island caters for all the needs of modern tourism.

The hordes of tourists, however, have still today not destroyed all the picturesque corners and exceptional views on Sylt. Probably the prettiest village with its single-storey Frisian long houses of white pointed brick and reed covered roofs is the old skippers village of Keitum. Its crowning jewel is the St. Severin church dating from the early 13th century and situated on a low hill.

North from Kampen begins a varied landscape of dunes up to 52 m high. Their finest configurations can be found south west of List, where genuine drifting sand dunes can still be seen. The most mobile of these move some 6 m eastwards every year.

South of Westerland the island narrows even more quickly than in the north. Tiny Rantum with its reed-roofed island church is situated at the narrowest point. This has not been allowed to endure any longer than the entire village. In the 15th century and twice in the 18th century the village had to give way to the sea and be rebuilt further to the east.

On the nail of the Sylt index finger pointing southwards lies the old pirates lair of Hörnum. Here lived the steadfast Sylt inhabitant, the spine of whom Detlev von Liliencron devoted his famous ballad "Amtmann von Tondern" (Bailiff of Tondern). All genuine Frisians owe their motto "Lewwer duad üs Slav!" (Better dead than slave!) to this Pidder Lüng.

# North Frisian Dike Land

North Frisia is a land of polders. A verdant landscape, which has been worked hard since time immemorial, since once there was also Halligen and Wattenmeer here. Only very gradually was fertile marsh land wrested from the North Sea. There are traces everywhere of the Hallig past, such as in Dagebüll, where houses are still standing on earth banks and there is an old fresh-water trough.

The great sea wall like a clear dividing line between earth and sky today protects the marshes of East Frisia and their inhabitants, but this is still quite a recent protection from the present century. The dike was only built 4.30 m high at the beginning of the 18th century, while at the middle of the century it was already 5.10 m high. 35 years ago the Friedrich-Wilhelm-Lübke polder dike was 7.20 m with a base width of 70 m. Today a height of 8.80 m and a base width of 90 m is provided. If the forecasts of the climatic researchers prove correct, even this height will soon no longer guarantee that the land of the polders will not be filled like a bathtub by a flood-tide of sufficient magnitude.

Even the seemingly lonely world of the polders with their often isolated farmsteads has its own charm, even if it sometimes has to be sought out. The winding country roads on the Wiedingharder Gotteskog polder must not be shunned if the house, studio and work of the expressionist painter Emil Nolde is to be admired at Seebüll. He was able better than anyone else to depict the wide marshes, stormy skies, seascapes and sunsets with brush and paint. His literary memorial was established by Siegfried Lenz in the "Deutschstunde" (German lesson).

Quite a different kind of painting is concealed in the remote little church at Enge, south of the Rantzauhöhe. Its nave has a wooden ceiling from 1779, on which the village and the entire community is depicted. The farmers plough in the foreground, while a devil sewing weeds romps amongst them...

A real jewel is the Romanesque rubble-stone church of Drelsdorf constructed around 1200 with its Renaissance appointments. Ornamental peasant carving on the sides of the pews competes here with the rich painting on the walls, while the late Renaissance pulpit is perfectly supplemented by the Renaissance altar; a series of carved apostles from the 15th century supervises the happenings in the church from the wall of the choir. The Bonnix epitaph from 1657 induced Theodor Storm to write his novel "Aquis submersus" in 1876, of which the plot takes place in Hattstedt a little to the south.

It is therefore also Theodor Storm in Husum, who still today dominates the town and its sights at every turn. A brochure issued by the tourist office gives information about him and his activities, and there is a Storm society, a Storm archive and naturally the living and working rooms of Theodor Storm in the original in the two-storey merchant's house from the 18th century.

In the early 16th century Husum was already a flourishing town, which reached its pinnacle in the 16th century thanks to promotion by the dukes of Gottorf. The mint of the dukes was constructed here in 1516, while Hans Brüggemann, the famous wood carver, had his workshop here. The Gottorf dukes erected their own castle, first as a second residence and later as dowagers estate, of which at least the gate-house from 1612 is still preserved in the original. The first church of Husum, however, can be found in Mildstedt. The Romanesque Lamberti church there was constructed around 1200 and was the Husum parish church until the mid-15th century.

# The North Frisian Islands

The endless space of the northern half of the Schleswig-Holstein Wattenmeer is continually interrupted between the Hindenburg dam in the north and the Eiderstedt peninsula in the south by islands of various sizes. In the north these are the sand dune islands of Amrum and Föhr, in the middle is the world of the Halligen and towards the south there are the two marsh islands of Pellworm and Nordstrand.

South of Sylt, as the extreme outpost on the western side of the Wattenmeer, lies the island of Amrum. Although situated within sight of Hörnum and also originally associated with Sylt, Amrum has an entirely different aspect. While sand has become rare today in central Sylt, it is present in abundance on the west of Amrum for over 10 km$^2$. The fine sand of Amrum is unique in the whole of Europe.

Scarcely any less unique is the dune landscape of Amrum, which borders the fine sand to the east and occupies almost half of the area of the island. With the exception of 3 shifting dunes, they are all tamed today and one can wander among them on board walks. The best views are either from the panorama dune or from the 42 m high lighthouse by Wittdün.

The most beautiful village on Amrum is the picturesque Nebel with its reed-roofed houses, its old St. Clemens church and the old tombstones decorated with artistic reliefs in the churchyard. The choir and nave of the church originate from the early 13th century, while the triple-wing altar was painted in 1634.

East of Amrum the Watt falls at low tide and it becomes dry across to the neighbouring island of Föhr. Those who are not put off by the 6 km walk across the Watt can therefore easily reach Föhr on foot from the northern end of Amrum. The finest place on Föhr is the idyllic Nieblum with its "Friesendom" consecrated to St. John. The huge church for such a small village provides accommodation for a congregation of 1,000 and as the oldest item in its appointments has a granite font dating from around 1200.

The most fragile formations in the Wattenmeer are the Halligs. These green isles in the centre of the Wattenmeer are not protected by dikes, so that the fields are flooded by the sea several times a year. There are only elevations for the houses on artificially filled hillocks. There are 19 of these on Langeness alone, 9 on Hooge and just one on Habbel, the smallest Hallig only 100 m wide. With suitable lighting they provide an impressive "Hallig skyline" as seen from the south beach of Wyk for example.

The undisputed "Queen" of the Halligs is the Hallig Hooge, on which two elevations recall bygone days. On one hand it is the church elevation with its church constructed after the great storm flood of 1634. The actual jewel of Hooge, however, can be found in the "Kings house" of the Hans.elevation. Its parlour was furnished by the Hooge Captain Tade Hans Bendix in 1767 with previous items from all over the world. The walls of the room were decorated by the pious captain with Dutch tiles, which provide a picture from biblical history for every day of the year.

The islands of Pellworm and Nordstrand are again another world. They have no sandy core, are purely marsh islands and are situated some 1 m below sea level. They can therefore only be made inhabitable by high dikes. The landmark of Pellworm, however, the old church with the partly dilapidated tower, is among the oldest structures in North Frisia. The tower and church date back to the 11th century. Common to both islands is a structure oriented entirely to the needs of the farmers.

# Rust-red Rock in the Sea

The old saying "Green is the country, red is the edge, white is the sand, these are the colours of Heligoland" not only refers to the colours of the Heligoland coat-of-arms, green, red and white, but also the most important elements of the rock island of Heligoland, situated in the middle of the German Bight. Even though the now only 1.5 km², rocky red refuge was originally thirty times larger, with large, white limestone rocks instead of the present white sand dunes 1.5 km away, the remainder is still a miniature world wonder.

Heligoland today is a popular island for bathing and an attractive destination for a day excursion for 1 million visitors annually. They all want to experience the play of colour between the blue of the sea, the white foam of the waves and the red vertical rocks from the path along the high cliffs and see the landmark of Heligoland, the "Lange Anna". The 50 m or so high pillar of rock at the north-western corner of the island is the final remainder of a former rock gate, which stood on 4 columns called the "Stallion" by the inhabitants and collapsed in 1858 with the exception of the "Lange Anna".

The actual fascination of a walk in the highland of Heligoland, however, is the western cliffs with the numerous nests of the birds. During the breeding season in early summer there is a constant screaming of birds and not a single, tolerably level spot in the rock face is then left unoccupied. For the guillemots, above all, the Heligoland rock face is *the* bird rock in the south Atlantic. From the second half of April thousands of guillemots from the far north arrive here simultaneously at their breeding place.

The importance of Heligoland as a relay station during the bird migration in spring and autumn cannot be overestimated. Enormous flocks of all kinds of birds spread over the island at these times of year, take advantage of it to rest and recuperate and fly on to their summer or winter quarters. Since 1. 4. 1910 therefore there has been an ornithological station on Heligoland for scientific study of bird migration. It has so far provided evidence of over 400 species of birds on Heligoland.

An entirely different, but scarcely less diversified world appears at low tide at the foot of the red rocks. The hard variegated sandstone heads form the only rock tidal mud flat in the entire German North Sea region. Where otherwise sand and mud fill the transition zone between high and low tides, there is an unequalled amphibious environment in front of Heligoland where the rock base is modelled by the sea.

In contrast with the "normal" mud flat, the rock mud flat exhibits a partly strong growth with coatings of green algae and bunches of seaweed. The range extends from the short green algae in the uppermost tidal zone only briefly flooded via the brown algae and the various forms of bladder-wrack of the central zone to the sawtooth seaweed at the low water line. A further zone deeper and below the low water line there is also a further particularly high-growing seaweed.

Heligoland finally provides opportunities for bathing on its dunes. It has the only open ocean beach in the German Bight. Layers of chalk continually appear between the sand, from which the white rocks of Heligoland originally consisted. Its rubble frequently contains the most varied fossils as evidence of the prehistoric seas.

# Land by Eider and Treene

The Eider is the longest river in Schleswig-Holstein and forms the border between the two region. The final 100 km before its mouth were originally tidal, so that even Rendsburg was endangered from high storm water. It was therefore already endeavoured in the Middle Ages to dam the upper waters and tributaries with dikes. This was finally only successful, however, following construction of the Eider storm barrier in 1972, the largest German coastal protection structure.

Eider and Treene have been important communication routes since the Middle Ages. In more recent times Tönning, as former subsidiary residence of the dukes of Gottorf, has profited above all from the Eider. The Schleswig-Holstein canal opened in 1784 enters here and provided Tönning with a maritime trade between 1803 and 1806, which was far in excess of that of Hamburg. Fine gabled houses with numerous, lovingly carved doors still bear witness today to this prosperous era.

The most beautiful small town in Schleswig-Holstein, Friedrichstadt, which was systematically established during the baroque age, profited simultaneously from Eider and Treene. Thanks to the privilege of freedom of worship a settlement was established by the Dutch from 1621 with typical Dutch houses and canals. Up to 7 different faiths lived peaceably together in this pleasant "Venice of the North".

Numerous splendid patrician houses, as well as the town square with its picturesque, covered market-place fountain and the stone arched bridge from 1773, testify to this propitious development. The enclosed façade of the western side with its so typical Dutch stepped gables is seen best from here.

North of the Eider the Eiderstedt peninsula projects like a nose some 30 km into the North Sea and therefore only half as far as before the great tidal flood of 1362. At that time 3 large islands remained: Utholm, Everschop and Eiderstedt. These were joined by dams in the Middle Ages, while in 1489 it was succeeded in damming a tributary of the Eider flowing into the north Frisian Wattenmeer. The "nose" of Schleswig-Holstein today is fertile farming country with large farmsteads amid rich pasture land, with attractive fishing ports and unpretentious little country towns.

The best expressions of rural prosperity are the huge "Haubarge" square post and beam construction farm buildings, under whose massive reed roofs was accommodated the entire harvest, cattle and people. In addition, the churches above all bear witness to the wealth of the marsh inhabitants. Not without good reason is Eiderstedt called the "island of historic churches". Anyone conducted from church tower to church tower will not be disappointed a single time, since new treasures can continually be discovered in each of the partly very old structures.

South of the Eider stretch the Dithmarsch fens down to the North Sea – Baltic canal and similarly marked by farmers, but never by princes. The old farming families had established their own farming republic here from communities of settlers and legal protection associations, and the council of "48 families" was founded here in 1477 with the purpose of passing their own land laws and forming an independent government.

While still under Charlemagne the church in Meldorf was established as a missionary centre and used simultaneously by the peasants as a kind of "town hall". The oldest baptismal church of Nordelbien became the triple-naved, early Gothic vaulted basilica of Meldorf cathedral. In addition to a bronze font from the construction time, it also contains above all a magnificent late Gothic carved altar dating from the early 16th century.

# Marshland North of the Elbe

What the Eider represented for Schleswig in the north was repeated by the Stör in the south for Holstein. Over the Lower Elbe it offered direct access to and from the North Sea and therefore induced the Carolingians to build a settlement as a bridgehead against the Danes and Flemings. The town of Itzehoe can therefore specify the year 810 as its official date of foundation.

A few kilometres up the river Stör is the only castle in the western part of Schleswig-Holstein. Heinrich Rantzau ordered the construction of Breitenburg castle during the second half of the 16th century in Renaissance style and made the extensive structure the centre of humanism in the north. Its present appearance, however, can be attributed to a Gothic-style reconstruction in the 19th century, since Wallenstein had destroyed the structure in 1627 following a 14-day siege.

"The municipal masterpiece" was founded by the Danish King Christian IV in 1617, because he lacked a harbour and a base for military operations against Hamburg in the early 17th century for his great power policy in the south of his Schleswig-Holstein territory. Glückstadt was therefore developed exactly in accordance with the idealistic concepts of the Renaissance fortification builders as a fan-shaped hexagon with a central market-place, from where radial streets were laid to the corner bastions. The town grew in only 25 years to become the third largest Danish city, so that Christian was able to hope not without some justification that "If things continue so well, Glückstadt will become a city and Hamburg a village".

Everyone knows that things turned out differently from what the Danish king had hoped. Yet Glückstadt has preserved its former layout with its 12 radial streets. Above all in Hafenstrasse there are still large baroque and classical façades and not least a massive baroque warehouse structure. The attractive market-place is still dominated by the brick town hall reconstructed in 1872 to the old plans.

The centre of the triangle of spas north of Hamburg is Bad Segeberg, which Christian I had made his second residence in 1460. Emperor Lothar erected the Siegesburg in 1134 to protect the mission and the colonization. Below the citadel an Augustian monastery was established on the bank of the nearby lake in addition to a settlement of craftsmen. The church is preserved from the monastery as an early work of monumental vaulted stone construction.

A unique feature of the structure begun in 1156 is that its builder substituted Segeberg gypsum for the brick on capitals, abutments and arch frames, which could be perfectly fashioned for ornamentation. These decorations provide a veritable specimen collection of all the ornaments customary in Lower Germany during the 12th century. Of the church appointments the splendidly carved cabinet altar from 1515, a bronze font from 1447 and a triumphal cross produced around 1500 remain preserved.

The Segeberg gypsum deposit was assiduously worked for many centuries. Extensive caves produced by washing-out were discovered in 1913. These can be visited today over a length of some 800 m. An open-air theatre has been established in the former gypsum quarry, closed down in the meantime, which with its Karl May festival performances in a romantic background of rocks, has contributed far more to the renown of Bad Segeberg than could ever have the salt used for the spa treatment.

## Picture Captions

Front fly-leaf:
*When the super-modern Scandinavian ferry leaves Travemünde, it takes up the entire width of the Trave estuary.*

Frontispiece:
*Town hall and Church of Our Lady still bear witness to the pride and wealth of the once so powerful merchants of Lübeck.*

Following page 216:
*The 87 m high naval monument in Laboe is a reproduction of a ship's stern.*

Back fly-leaf:
*Construction of Ratzeburg cathedral, visible from afar, was begun around 1160 and actively supported by Heinrich dem Löwen.*

Page 13:
*The Elbstraße in Lauenburg was completed in the 13th century as a settlement for seamen.*

Page 14:
*The burgher house of Lauenburg is decorated with a beautifully carved and painted half-timbered gable.*

Page 15:
*The famed buffoon Till Eulenspiegel is said to have been buried in Mölln around 1350.*

Pages 16/17:
*The Lauenburg Lakes nature reserve is the largest in the state. It still contains beautifully peaceful spots rich in wild life. Harrier (left), lapwing (right) and fallow buck are only a few of the species encountered.*

Pages 18/19:
*The Schalensee by Grosszecher is one of the largest lakes in the Lauenburg Lakes nature reserve. The bird's eye-view reveals that the lake-plate produced during the ice-age is largely enclosed by high level forest.*

Page 20:
*Where today Ratzeburg cathedral (completed 1220) overlooks the lake of the same name, formerly stood the major citadel of the Wendic Polabians.*

Page 21:
*Hinrich Mathes carved the Evangelist on the pulpit of Ratzeburg cathedral (left) in 1567, while the Madonna (right) originates from the 15th century.*

Page 22:
*The view inside the cathedral reveals that its vault was constructed to the pattern of Brunswick cathedral.*

Page 23:
*The proud training vessel "Passat" at its final mooring in Travemünde.*

Page 24:
*Windmills like that at Salem were once met at every turn.*

Page 33:
*Lübeck cathedral founded in 1173 adorns the southern tip of the island city.*

Pages 34/35:
*The western aspect of Lübeck still reveals at least part of the old façade forms of the burgher houses on the banks of the Trave. The two pointed twin towers belong to the cathedral, the massive single tower marks the Gothic Petri church.*

Page 36:
*The castle gate at the northern tip of Lübeck represents the former ducal district.*

Page 37:
*When Lübeck became a free imperial city in 1226, a start was made on construction of the present town hall.*

Pages 38/39:
*The landmark of "truly Hanseatic Lübeck" is the Holsten gate. It has served since the 14th century to guard the main road to Holstein and Hamburg. The gate received its present form in 1478 from Hinrich Helmstede.*

Page 40:
*The city side of the Holsten gate is provided with two upper storeys divided with blind arcades.*

Page 41:
*For many people the Basilica of Altenkrempe is the finest structure in eastern Holstein.*

Pages 42/43:
*Since the beach at Timmendorf is so inviting for young and old, there are two beds for visitors for each one for residents.*

Page 44:
*The meeting of two multitudes of modern tourism can be observed regularly by Travemünde.*

Page 57:
*The bold 70 m high, arched suspension bridge over the Fehmarn sound has connected Fehmarn with the mainland since 1963.*

Pages 58/59:
*Heiligenhafen on the western side of the Fehmarn sound was already a much frequented harbour in earlier days. The Graswerder embankment reveals the configuration powers of the tides. The island of Fehmarn can be seen in the background.*

Page 60:
*The church of St. Nicholas at Burg on Fehmarn has a valuable bronze font (top) and a triple-wing high altar.*

Page 61:
*The soil of Holstein was so fertile that numerous mansions were built, here the Panker mansion.*

Pages 62/63:
*The centre of the "Switzerland of Holstein" is picturesque Plön on the ancient island of Olsburg. The Slavs had their refuge of Plune here, destroyed in 1139.*

## Picture Captions

Page 64:
The bronze font from 1344 decorates the church of St. Nicholas in Kiel.

Page 65:
The church of St. Thomas at Schulensee by Kiel was completed in 1958.

Pages 66/67:
The bay of Kiel is THE sailing area of Germany. Several thousand yachtsmen meet here every year for one of the most important regattas in the world. It dates back to the "Marine Regatta Association" founded in 1887, from which originated the Imperial Yacht Club in 1891.

Page 68:
The railway viaduct over the North Sea – Baltic canal by Rendsburg also carries a light aerial ferry.

Page 77:
Eckernförde is the actual home of the fish known as the Kiel sprat.

Page 78:
The Schlei, over 40 km long and rich in eels, connects Schleswig to the open sea.

Page 79:
Damp 2000 is planned to be the ideal, purpose-built holiday resort.

Page 80:
The scroll-baroque pulpit (top), the Gotlandic stone font (bottom left) and the Romanesque portal embellish the church of Sörup.

Page 81:
The cathedral of Schleswig was begun during the first half of the 12th century.

Pages 82/83:
The smallest town in Schleswig-Holstein, situated just before the mouth of the Schlei, is named Arnis and has only 600 inhabitants. Arnis was founded in 1667 by 62 families, which had fled from nearby Kappeln in fear of threatened serfdom.

Page 84:
The Cordula chest and the runic stone (top) can be found in the Haithabu museum, the Maria altar (bottom left) in Eckernförde. The section below right shows a detail of the Bordesholm altar in Schleswig.

Page 85:
Glücksburg castle is a major example of north German Renaissance.

Pages 86/87:
Flensburg has always been a commercial city. The Dutch first brought prosperity, later rum.

Page 88:
The Gelting drainage mill Charlotte has not drained water for many a long day.

Page 97:
Emil Nolde completed his studio to his own plans in Seebüll in 1928.

Page 98:
The Niebüll church square with the picturesque churchyard gate is an oasis of peace.

Page 99:
The red cliff up to 25 m high on the western side of Sylt owes its colour to the iron contained in the glacial loam.

Page 100:
The figurative details originate from the altar of the church in Enge. The devil sewing weeds decorates the ceiling.

Page 101:
The upper altar is in St. Severin in Keitum, the lower at St. Nils in Westerland.

Pages 102/103:
The dunes at List with their heather floors and shifting sand dunes up to 35 m high are unique along the entire North Sea coast. The dunes shift about 6 m to the east every year.

Pages 104/105:
Starfish (top left) and jellyfish (bottom left) still flash here and there. The oystercatchers (top right) appear to have the same carefree attitude to life as the seal – but for how much longer?

Page 106:
There are numerous hill trenches on Sylt (top). The Morsum cliff is the Sylt sandy upland (bottom) facing the mudflats.

Page 107:
Hörnum-Odde is the southern tip of Sylt (top). The resort promenade at Westerland provides proscenium views in the North Sea natural theatre (bottom).

Page 108:
Evenings at the seaside can become addictive.

Page 121:
The Husum castle of the dukes of Gottorf was completed in the 16th century.

Pages 122/123:
The castle park of Husum is famous for its crocus covered lawns.

Pages 124/125:
The Nieblum "Friesendom" provides accommodation for a congregation of over 1000. The picture at top left shows a section of the Maria altar completed in 1480, bottom left can be seen three carved sectors of the pulpit.

Pages 126/127:
The fishermen catch crabs with dragnets drawn across the floor of the mud-flats. Heavy iron rollers ensure that the lower edge of the net really stays at the bottom.

Page 128:
When the "Blanke Hans" begins to roar at the North Sea, it signifies the utmost danger.

Page 129:
Winter, too, cannot be taken lightly on the land between the seas. The ferry sometimes then needs an ice-breaker.

## Picture Captions

Page 130:
Amrum is the North Sea island with the largest sandy beach and a wide dune landscape. The lighthouse affords the best views.

Page 131:
Not only crab cutters are moored in the harbour of Amrum. There is also an emergency rescue vessel here ready for duty, in order to render aid as quickly as possible from this outpost if necessary.

Page 132:
The most attractive village on Amrum is picturesque Nebel with its reed-roofed Friesian houses and reed-faced windmills.

Page 141:
A special delight for young and old is to drive on the mud-flats in a horse-drawn cart.

Page 142:
The crabs are still an important commercial factor and the crab fishers can still make a living from their catch.

Page 143:
Idyllic harbour scenes are continually encountered along the entire north Friesian coast. The crabbing cutters in particular are ubiquitous.

Pages 144/145:
Halligs, like the Hamburg Hallig here, are green isles in the Wattenmeer unprotected by dikes.

Page 146:
Numerous works of art have been preserved on the Halligs. The three examples at top and bottom right originate from the church embankment on Hooge, the Königspesel is an old captain's parlour on the Hans embankment.

Page 147:
The upper picture shows the altar from the church of Ilgrof which subsided in 1634, while the lower is the tower of the old church of Pellworm.

Pages 148/149:
The aerial view of Heligoland clearly reveals the division of the island into red rock and white dunes. It once consisted of a white rock, the "Witteklyppe".

Page 150:
Landmark of the "holy land" of Heligoland is its Lange Anna.

Page 151:
Heligoland is THE bird rock in the German Bight. The colourful stalls in the harbour once served the lobster fishers.

Page 152:
Farewell to Heligoland.

Page 161:
The picturesque lighthouse at Westerhever guards the north western tip of Eiderstedt.

Page 162:
A variety of bird-life inhabits the mud-flats.

Page 163:
The flats are dry twice daily without this harming the inhabitants.

Page 164:
At Friedrichskoog the world of the crab catchers is still more or less in order.

Page 165:
St. Peter Ording has an inviting sandy beach over 11 km long.

Pages 166/167:
Tönning was once a second home for the Gottorf dukes. Real prosperity only came, however, with the Napoleonic continental blockade. All that is left today is the idyll of old burgher homes with a Dutch flavour.

Page 168:
At Dithmarschen the sheep may graze on the surplus cabbage.

Page 169:
The best expression of rural prosperity are the huge square houses. The one at the top is near Kotzbüll, the lower at Uelvesbüll.

Page 170:
Friedrichstadt is the most beautiful small town in Schleswig-Holstein, built by Dutch settlers.

Page 171:
In western Schleswig-Holstein there are particularly fine façades from the 17th and 18th centuries.

Page 172:
The Blaue Stube can be found in Waldhusenhof on Pellworm (top), the Friesian parlour with the iron stove on the Langeness Hallig.

Page 181:
At Itzehoe the picturesque scene of Laurentius church and abesses' house from 1696 are mirrored in the town pond.

Page 182:
Farmsteads in the country: the upper example is a Bordesholm farm, the lower from Süddithmarschen dating from 1781.

Page 183:
The white castle at the edge of Ahrensburg was constructed after 1595 and is modelled on Glücksburg castle.

Page 184:
Landmark of Glückstadt is the unusual dome on the town church tower.

Page 185:
The North Sea – Baltic canal completed in 1895 can be used for an excursion on land.

Pages 186/187:
Two pairs of locks each at Brunsbüttel and Kiel-Holtenau compensate for differences in water level caused by the tides.

Page 188:
Schleswig-Holstein has always been above all a land of seafarers. The passion associated with seafaring has remained.

# Inhalt

| | |
|---|---|
| **Schleswig und Holstein «ewich tosamende ungedelt»** | 5 |
| **Zwischen Holstein und Mecklenburg** | 9 |
| Die Stadt der alten Elbschiffer | 9 |
| Auf den Spuren Till Eulenspiegels | 11 |
| Besuch bei Fürst Ratibor | 25 |
| **Lübeck – Königin der Hanse** | 27 |
| Der mittelalterliche Handelsplatz | 27 |
| Bürger und Bischof im Wettstreit | 29 |
| Großbürgerliches Wohlbehagen | 45 |
| **Gegensätzliches zwischen Travemünde und Puttgarden** | 47 |
| Strände, Strände bis zum Fehmarn-Sund | 47 |
| Schweizerisches in Holstein | 49 |
| Der «Knus» – ein eigener Erdteil? | 51 |
| **Rund um die Kieler Bucht** | 53 |
| Herrenhäuser im Bauernland | 53 |
| Kaiserlicher Kriegs- und Segelhafen | 55 |
| Rund um Rendsburg | 69 |
| Kieler Sprotten aus Eckernförde | 71 |
| **Schleswig, die Schlei und die Flensburger Förde** | 73 |
| Haithabu, Sliaswich und die Gottorfer Herzöge | 73 |
| Idylle für Maler und Träumer | 89 |
| Der Ruhm durch den Rum | 91 |
| **Die Königin der Nordseeinseln** | 93 |
| Inselgeburt mit Hindernissen | 93 |
| Badegroßstadt mit Vergangenheit | 95 |
| Inselsehenswürdigkeiten mit Hintergrund | 110 |
| **Nordfriesisches Deichland** | 114 |
| Köge, nichts als Köge | 114 |
| Die graue Stadt am Meer | 116 |
| **Nordfriesische Inselwelt** | 134 |
| Amrum und Föhr | 134 |
| Halligträume | 136 |
| Pellworm und Nordstrand | 138 |
| **Rostroter Fels im Meer** | 154 |
| Das heilige Land der Friesen | 154 |
| Oberland, Felswatt und Düne | 156 |
| Die Vogelinsel | 158 |
| **Land an Eider und Treene** | 174 |
| Sperren im Katinger Watt | 174 |
| Auf Schleswig-Holsteins Nase | 176 |
| Dithmarscher Bauernland | 178 |
| **Marschen nördlich der Elbe** | 191 |
| Pötte auf Landausflug | 191 |
| Rund um die Stör | 192 |
| Im holsteinischen «Bäderdreieck» | 195 |
| **Accompanying text in English** | 199 |
| (Begleittext in englischer Sprache) | |